大学生职业价值与创新创业教育探索

顾宇蓉◎著

文化发展出版社
Cultural Development Press
·北京·

图书在版编目（CIP）数据

大学生职业价值与创新创业教育探索 / 顾宇蓉著
. — 北京 ：文化发展出版社，2023.7
ISBN 978-7-5142-4003-0

Ⅰ．①大… Ⅱ．①顾… Ⅲ．①大学生－职业选择－教育研究②大学生－创业－教育研究 Ⅳ．① G647.38
② G647.38

中国国家版本馆 CIP 数据核字 (2023) 第 102804 号

大学生职业价值与创新创业教育探索

顾宇蓉　著

出 版 人：宋　娜
责任编辑：王　晶　　　　责任校对：侯　娜
责任印制：杨　骏　　　　封面设计：守正文化
出版发行：文化发展出版社（北京市翠微路 2 号　邮编：100036）
网　　址：www.wenhuafazhan.com
经　　销：全国新华书店
印　　刷：天津和萱印刷有限公司

开　　本：710mm × 1000mm　1/16
字　　数：203 千字
印　　张：11.25
版　　次：2025 年 1 月第 1 版
印　　次：2025 年 1 月第 1 次印刷

定　　价：72.00 元
I S B N：978-7-5142-4003-0

◆ 如有印装质量问题，请电话联系：010-58484999

前言

随着经济全球化不断向前推进，我国社会主义市场经济不断深化，社会环境朝着更加开放、更加包容的方向发展，竞争也日趋激烈，这对当代青年大学生提出了更高的要求。计划经济体制下，就业单位更看重的是求职者的个人能力，要求求职者有着相应的工作经历。市场经济体制下，就业导向发生了深刻的转变，相比于工作履历，就业单位更在意求职者是否具备相应的能力，更加青睐团队协作能力与个人能力并重的求职者。与之相对应的是，当代青年大学生的职业观和就业观也发生了改变，由之前寻求一份长期稳定的工作开始向追求个人发展转变，福利待遇不再是当代青年大学生的首要选择，他们反而更倾向于从个人兴趣出发，追求个人价值，实现个人成长。个体的价值观对其行为选择有着直接的影响，影响大学生进行职业选择的关键因素便是大学生的职业价值观。青年大学生是社会主义事业的接班人，肩负着实现中华民族伟大复兴的重大使命，面对开放的经济和社会环境，大学生要对自己有清晰的认知。高校要以社会对于合格工作者的需求以及学生现有职业价值观的现状等问题作为切入点，以培养学生积极的职业价值观和就业心态为目标，以高校职业价值观教育为依托，建构一套完整系统的职业价值观教育体系，运用多种教学手段，提升学生的短板，进而提升现阶段高校大学生就业综合竞争力。

创新是当今时代的主旋律，是促进社会发展的主要驱动力。当前，全球新一轮科技革命和产业变革蓄势待发，各国的竞争都聚焦于创新与创业的水平，同时，我国经济正进入快速变化、结构转型和动力转换的关键时期，创新创业已成为我国经济持续发展的动力和提高国家竞争力的源泉。21世纪的竞争归根结底是人才的竞争。国家从社会主义现代化建设和中华民族伟大复兴的高度，以及关心大学生成长成才的角度出发，高度重视大学生的创新创业教育工作。

本书共分为六章。第一章为大学生职业价值观教育，主要分为职业价值观、大学生职业价值观研究的理论综述两节；第二章的主题是大学生职业价值教育质量保障，从五个方面展开论述：积极营造良好的社会氛围、有效发挥家庭教育基础作用、切实发挥学校教育的主导作用、大学生价值个体自我修行、大学生职业价值观机制建设；第三章主题是大学生职业发展必要准备，共有四节：知识储备、能力准备、职业素质、心理准备；第四章的论述核心是大学生职业规划研究，分为五节：大学生职业规划设计概述、大学生职业规划设计理论、大学生职业规划设计原则与方法、大学生职业规划设计实施、大学生职业规划设计教育；第五章从大学生创新创业教育的主题入手，分析了高校创新创业教育的内涵、高校创新创业教育的意义、高校创新创业教育的发展、高校创新创业课程的设置四个方面的内容；第六章主要围绕大学生创新创业能力培养进行阐述，分为创新创业能力概述，创新、创业与职业生涯发展，我国创新创业教育发展经验总结与建议三节。

在撰写本书的过程中，作者得到了许多专家学者的帮助和指导，参考了大量的学术文献，在此表示真诚的感谢！由于作者水平有限，加之时间仓促，本书难免存在一些疏漏，在此，恳请同行专家和读者朋友批评指正！

顾宇蓉

2022年11月

目　录

第一章　大学生职业价值观教育

职业价值观就是人生目标、人生态度等在职业选择中的具体体现，也就是一个人对职业的认识和态度以及他对职业目标的追求和向往。本章主题为大学生职业价值观教育，分为职业价值观、大学生职业价值观研究的理论综述两节。

第一节　职业价值观

一、价值与价值观

（一）价值与价值观基本概念

1. 价值的定义

价值是什么？回答这个学术问题之前，先要回答“过去的思想家们对价值的探讨是什么？”这个问题。纵观中西方社会思想史，由于不同的风俗习惯、文化传统，东方和西方形成了两种截然不同的文化体系，其中西方的文化体系以古希腊理性主义和希伯来精神为深层意蕴，东方的文化体系则是以中国哲学“天人合一”观念为核心。这两种文化体系都以当地特色的历史文化为依托，在漫长的历史长河中缔造了东方和西方两种差异巨大却又同样灿烂辉煌的人类文明，同时也衍生出两种不同的价值哲学思想体系。

和中国古代哲学家不同，西方哲学家并不是一开始就把价值问题作为哲学的中心问题。与中国古代哲学家探究天人关系，强调人、社会和自然的和谐统一的思维出发点不同，古希腊哲学家苦思冥想的是世界本源问题。但这并不意味着西方哲学家不注重价值和价值哲学问题。一般而言，古希腊早期哲学家多关注本体论问题，但智者派的普罗泰戈拉则提出了“人是万物的尺度”这一相对主义和价值论并重的命题。普罗泰戈拉认为人的感觉是一切认识正确与否的依据，人是万物存在的尺度，也是万物不存在的尺度。这与庄子的“子非鱼，安知鱼之乐”和“此亦一是非，彼亦一是非”殊途同归。[①] 相对主义在认识论上否认了真理的客观性，但它看到了人的主体性在主客观认识、评价关系中的作用，包含了潜在的价值问题。在普罗泰戈拉看来，人是认识的主体，人们在认识世界和改造世界的过程同样会受到个人因素的影响。无论是人类整体认识世界的过程，还是个人认识世界的过程，都受到两种力量的制约：一个是人类有着追求真理的本能，有着透过事物表面认识本质的强烈渴望，迫切希望追求客观真理；一个是人类有着利己的天性，希望按照人的个体希望来改造世界。这后一种力量就是所谓的价值问题。人们认识事物，不是无缘无故的，都不免从主体人的利益出发，把人当作一把尺子。此后，苏格拉底提出“美德即知识”的命题，在西方哲学史上首次提出了真和善的统一，即价值和真理这两个尺度的关系这一价值论的重要问题。苏格拉底的学生柏拉图沿着老师开辟的路径继续前行。在其理念论中，柏拉图也触及了和价值相关的问题。柏拉图认为，人的灵魂由三部分组成，分别是理性、意志和感性。这三部分相辅相成，缺一不可。理性在这三部分中处于核心地位，是最高的美德，理性的存在是人类开启智慧的前提条件；有了坚强的意志，人类才能有勇气，才会凝聚成勇敢的美德；克制情感则是节制这一美德的基础。除了上述三种美德之外，还有一种根本的美德——正义，是智慧美德、勇敢美德以及节制美德三者平衡、和谐的产物，是建立国家的普遍原则。柏拉图不仅就美德与知识（理性）的关系进行了详细的阐述，而且还对正义这个价值观给予了高度评价，将其放到了重要位置上。[②]

继柏拉图之后，亚里士多德从美学、伦理学的角度也提出了自己的观点。他不仅把艺术的审美价值同主体人联系起来，也将其同认识联系起来。他指出：感觉是创造形象能力的源泉，艺术是现实的再现——人类在社会实践中积累了丰富的感性素材，运用想象、联想等方式对头脑中的素材进行提炼，从而使现实世界再现。亚里士多德还将人的道德价值同主体人联系起来，认为实践是获取美德的重要途径，只有行为公正，才能成为公正的人。正如只有搞建筑才能成为建筑学家，只有弹琴才能成为琴师一样。[③]

---

① 冯波．杜仕菊．当代社会价值观和社会整合研究[M]. 北京：中国传媒大学出版社，2016.

② 柏拉图．柏拉图对话录[M]. 重庆：重庆出版社，2019.

③ 亚里士多德．尼各马可伦理学[M]. 廖申白，译．北京：商务印书馆，2011.

古希腊时期，伊壁鸠鲁倡导“快乐”生活，将“快乐”这一道德价值同人和人的感觉联系起来，提出了道德价值的相对性及其选择问题。他坚持快乐理念，认为快乐是生活的唯一目标。但是，快乐并非指放荡者的快乐或肉体享受的快乐，而是指身心两方面的快乐——身体的无痛苦和灵魂的无纷扰。[①] 近代西方哲学家强调功利，探讨了价值与事实的关系。如霍布斯认为，人生来就是利己主义者和个人主义者，人对人像狼一样。这是社会契约论和国家产生的人性论基础。[②] 笛卡尔认为，理性具有双重属性，不仅是真理的标准，而且也是道德所要遵循的基本准则；道德生活的目的是用理性克服情欲。[③] 斯宾诺莎站在泛神论的立场上，提出了价值的相对性和绝对性问题。就价值的绝对性而言，斯宾诺莎指出，寻求道德的至善——对人的心灵和整个大自然相一致的认识是哲学的目的；就价值的相对性而言，斯宾诺莎认为，善与恶是相对的，因为它们是相对于不同的主体的。[④]

例如，当心情郁闷的人听到轻松愉悦的音乐后，情绪得以缓解，音乐对于他们来说就是“善”；心情哀痛的人听到同一首曲子后，心情更加的悲痛，音乐对于他们来说就是“恶”；听力不好的人无法聆听音乐，感受音乐的魅力，对于他们来说，音乐就是不善不恶。怀疑论者、苏格兰启蒙运动的代表人物休谟提出了著名的休谟问题，区分了关于事实的知识与关于价值的知识。此外，休谟也秉持功利主义立场，认为对人有用的即善行。他认为，自由、平等、幸福等价值观念，无非是人们的喜爱或社会风尚；价值的知识，如善与恶、正义与非正义等知识不是从经验中得来的，也不能用经验证明，无所谓真假，这与事实的知识不同。[⑤] 爱尔维修旗帜鲜明地肯定了利益对人的认识、行为的巨大作用，把利益和自私当作社会发展的原因。他认为，道德的基础就在于正确地理解个人利益；美德的源泉、法律、风俗、习惯的目的是社会“共同的福利”。个人利益对人的行为价值具有唯一和普适性的认定作用，但如果为了谋求个人利益就与公共利益背道而驰，那就不合乎道德。[⑥] 开启了西方哲学从传统向现代转向的康德强调了主体性的问

① 卢克来修．自然与快乐伊壁鸠鲁的哲学[M]．包利民，刘玉鹏，王纬纬，译．北京：中国社会科学出版社，2018．

② 霍布斯．利维坦[M]．陆道夫，牛海，牛涛，译．北京：群众出版社，2019．

③ 笛卡尔．笛卡尔文集[M]．江文，译．北京：中国戏剧出版社，2008．

④ 斯宾诺莎．简论上帝、人及其心灵健康[M]．顾寿观，译．北京：商务印书馆，2017．

⑤ 休谟．人性论[M]．关文运，译．北京：商务印书馆，2017．

⑥ 爱尔维修．论精神[M]．杨伯恺，译．上海：上海人民出版社，2019．

题，区分了事实认识（是什么）、价值认识（应如何）和利、善、美这三种价值。他认为，美和善并不能等同起来，并不是所有引起感官快感的活动都是美的，同样也并不是所有善的行为都是美的，但美是道德的象征。在西方哲学史上，他的哲学体系试图证明：真正的认识不是由客体决定的，而是由主体决定的。康德从主体自身探讨人类认识的奥秘，反思人的主体性，为现代西方哲学开辟出不同于传统西方哲学形而上学取向的新路径。

《实践理性批判》探讨了“实践理性”这类纯粹形式的命令问题。在康德看来，伦理学规范属于“绝对命令”的范畴，这是人类在社会实践过程中需要遵循的最高且必然原则——人应当按照绝对命令去行动。康德倡导的绝对命令，要求人们在参与社会活动时要不为任何外在目的而完全为抽象的义务本身履行道德义务。①

作为西方传统哲学集大成者的黑格尔指出了价值观在历史发展中的作用。他认为，人的行动取决于他们的需要、情欲、利益、性格和才能。这些需要、情欲、利益等对历史这幕戏剧起主要作用。费尔巴哈的人本学理论中包含了丰富的价值论思想。他认为，人都是趋善避恶的，追求幸福的欲望是人的一切行为的基础。他确信，利己主义的、旨在满足从人的本质中产生的需要行为，同时也是利他主义的行为，亦即保证共同幸福的行为。②

总之，在19世纪以前，西方哲学界对于价值的讨论主要聚焦在伦理学层面，探讨善、正义等课题。19世纪末20世纪初，西方哲学发生了人本主义的转向，专家学者将研究的重点转移到“人”身上，关注人们现实生活中的种种问题，价值成为以新康德主义为代表的许多现代西方哲学家研究的中心问题，形成了相对独立的价值哲学。新康德主义的代表人物为文德尔班，提出不管是肯定方面的价值还是否定方面的价值都不是对象的本质属性，价值是相对于估价心灵而言的。③价值是诸事物之间的联系和关系的总和，归根到底不过是形式和秩序。价值离不开意志和情感。另一位新康德主义的著名代表人物李凯尔特认为，价值就是超验意义。价值使我们的判断具有绝对必然性：价值制约着人们的事实判断，即是或否的判断。这里的“绝对必然性”即“应为”的必然性。“应为”是一种指导力量，

① 康德．实践理性批判[M]．张永奇，译．南昌：江西教育出版社，2014.

② 费尔巴哈．费尔巴哈哲学著作选集（上卷）[M]．荣震华，李金山，译．北京：商务印书馆，1984.

③ [德]文德尔班．文德尔班哲学导论[M]．北京联合出版公司，2016.

并且一定会参与事实判断，但并不会起决定性作用。

西方社会学界关注的价值问题主要是从社会学研究对象的角度切入的。经典社会学家韦伯、齐美尔分别在他们的理论框架下论述了价值的作用。齐美尔的《货币哲学》探讨的就是现代社会由货币这一社会根本要素所带来的价值变迁问题。研究社会行动或社会行为是社会学的主要使命之一。[①] 韦伯的《新教伦理与资本主义精神》更是从思想动力方面解释了资本主义发展的关键动因。[②]

中华民族是一个十分重视价值哲学问题思考和研究的民族。与西方价值哲学思想发展的历史进程相比较，中国思想家对价值哲学问题的思考和回答具有鲜明的民族特色。

几乎贯穿于漫长的中国思想史始终的义利之辩是典型的价值问题。儒家提倡重义轻利（孔子、孟子、董仲舒）、存理去欲（朱熹）。儒家学说对于人生价值问题给予了高度重视，并基本构建起人生价值理论体系。孔子提出了“仁”的观念，认为人生来就具备“仁”，人在成长的过程中也要贯彻“仁”，这是人生价值的核心理念。孟子继承了孔子“仁”的主张并提出了性善论，认为人生来就是善的，善在社会体系中发挥着重要作用。荀子倡导性恶论，指出教育是引导人改正天性的主要途径，在社会发展中起着不可估量的作用。墨家虽然在汉以后没有余脉，但它是中国思想史上明确肯定利的价值的思想流派。墨子以“义”为最高道德准则，但他赋予“义”不同于儒家的传统含义：义，利也。这里的利非私利，而是公利。墨子提倡“兼相爱，交相利”。[③] 此外，在儒家、道家的哲学中，人的价值的社会性和个体性的面向被分别加以强调。儒家以人的精神性、社会性作为人的本质属性。孔子把人和“仁”联系起来。[④] 孟子认为，仁义礼智这四端，是人的根本标志，是人区别于动物的基本特征。[⑤] 老子以“道”为人存在的前提和基础，把人界定为自然存在物，更强调人的个体价值性的一面，突出了“自然无为”的人生价值理想。但是，老子也没有完全否定人的价值社会性的方面。“无为而无

① 齐美尔．货币哲学[M]．许泽民，译．贵阳：贵州人民出版社，2009.

② 韦伯．新教伦理与资本主义精神[M]．林南，译．南京：译林出版社，2020.

③ 唐敬杲．墨子[M]．北京：商务印书馆，2020.

④ 张先志，耿忠群．论语[M]．北京：北京时代华文书局，2019.

⑤ 杨伯峻，杨逢彬．孟子[M]．长沙：岳麓书社，2021.

不为”是贯通人价值个体性与社会性的桥梁。[①] 儒家重义轻利的价值观经过历代儒家的论证、加工，逐渐形成了包含“三纲五常”等政治价值观在内的完整的理论体系，为封建统治者所用，在中国传统文化中占据重要的地位。

在当代中国社会，1978 年关于真理标准的大讨论唤醒了人的主体意识，引发中国社会的思想解放，拉开了中国新时期历史的序幕。从 1979 年起，中国哲学界开始了一场全国性的“关于人性、人道主义和异化问题的讨论”。这场讨论一直持续到 1984 年，并直接导致价值哲学的兴盛。随着中国改革开放实践进程的深入，与价值相关的问题诸如人的价值是什么、应该怎样看待个人的价值、价值应如何评价等价值哲学的问题受到当时中国哲学界的关注，成为持续相当长时间的一个热门话题和一门“显学”。李德顺是当代中国最早系统研究价值哲学的学者之一。他认为：“‘价值’这个概念所肯定的内容，是指客体的存在、作用以及它们的变化对于一定主体需要及其发展的某种适合、接近或一致。”“其内容主要是表达人类生活中一种普遍的主客体关系，这就是客体的存在、属性和变化同主体需要之间的关系。”[②]

综合上述各种对价值概念的探讨，从主客体关系的角度，本书对价值的定义如下：价值是揭示外部客观世界对于满足人的需要的意义关系的范畴，指具有特定属性的客体对于主体需要的满足或肯定，是客体对主体的意义。

人作为一种有意识、有目的的社会存在，在自身的实践过程中逐渐形成了对各种事物是非、善恶、美丑的思想意识。人的价值选择遵循着合规律性与合目的性的统一、社会选择与个人选择的统一、兼顾与急需的统一、择优与代价的统一等主要原则。

相对性、绝对性、客观性、社会历史性、多维性、时效性等是价值的基本特点。价值具有相对性和绝对性，人类共性、普遍的价值是存在的，价值的相关性表明了价值的相对性，价值的普遍性则是价值绝对性的具体表现。除此之外，价值还具有客观性、社会历史性和具体的主体性。价值与其他意识形态最显著的差别就在于价值具有具体主体性，这也是价值的核心标志。价值关系是人与自然、人与社会、人与人之间的客观关系，具有客观性。

---

① 吴根友 . 道德经 [M]. 长沙：岳麓书社，2021.

② 李德顺 . 价值论 [M]. 北京：中国人民大学出版社，2020.

价值是连接主体和客体之间的桥梁，展露了主客体之间协调统一的状态。价值具有如下特点：主客体之间的统一以主体为中心，客体为主体服务，以满足主体的需要为目标，遵循主体的内在尺度。

2. 价值观的定义

价值观与人生观、世界观关系密切，它们之间相互影响、相互作用。从功能上看，价值观是作为人们评价标准的观念形态。人人心中都有一杆天平或者一把尺子，用于衡量自己所处的世界。价值观不是表层的，而是深层的。一个行动的背后是一种观念的选择。一次事件发生，某人和另一个人绝交，因为后者触犯了前者所坚守的人与人交往的底线——互相尊重、互相帮助。如果单向地要求对方给予自己无偿帮助，自己一点小亏都不能吃，这种人早晚会被秉持相反价值观的人所抛弃。价值观是一个人的灵魂形象，是人的精神导向系统。国家、阶级的价值观即是意识形态体系。无论对于个人还是社会，价值观都是灵魂的核心，是软件中的软件。

从不同的角度，可以对价值观进行不同的分类。从哲学角度，价值观可以被划分为三层：人与自然、人与社会（他人）、人与自身关系的价值观，也可以被分为终极性价值观和工具性价值观；从价值主体角度，不同的主体倡导不同的价值观，包括思想家从学术进步的角度出发，提出人们应该树立的价值观，社会为了追求社会发展，提出主流价值观，这个价值观是人们为了自身的发展，在社会实践中有着实际奉行的价值观；从社会学角度，考虑到概念的操作化问题，根据不同的行业和领域又可分为政治价值观、经济价值观、宗教价值观、文化价值观、职业价值观、人际价值观、婚恋价值观、生育价值观、生活价值观、自我价值观、人生价值观、幸福价值观、消费价值观、公益价值观、慈善价值观等类别。因为人的需要、价值是多方面的，有多少人类需要的领域，就可能有多少种价值观。其中，经济价值观是人们对于经济问题的根本看法及价值评价，是人们从自身角度出发，对经济制度、经济行为等经济现象的价值判断。政治价值观是人们对政治世界的根本看法及价值评价，反映了人们对政治对象、政治行为等政治问题的根本观点和看法。

价值观并不是与生俱来的，而是在后天的社会实践中逐渐形成的。价值观的确立是一项长期的工程，但它已经形成且被价值主体所接受，会对人的实践产生深远的影响。人类在社会活动中采取何种行为，以及产生怎样的感情无不受价值观的影响，不仅如此，价值观还可以决定人的价值选择取舍的意向和态度。正如丹尼尔·贝尔所说："生活方式通常由一套价值观为之辩护，由社会机构（教堂、学校、家庭等）予以控制，并在品格构造中体现出来。只要有气质相同的一群人持有这种生活方式，就存在着社会学家称之为'身份集团'的群体。"[①] 价值观不仅影响个体的行为，还影响着此个体所处的群体、组织的行为和结果。

价值观并不是孤立存在且无法感知的，而是由价值目标、价值认知、价值情感、价值理想、价值行为体现出来的。价值取向属于价值认知层面，以下对价值取向概念展开说明。

3. 价值取向的定义

当代中国哲学界对价值取向这一概念并没有统一的界定，不同学者基于不同的研究角度对价值取向展开研究，得出不同的结论。例如，阮青认为，价值取向是人们为了追求个人价值，实现人生理想而形成的一种观念性活动，价值取向对于人生活动具有指导意义，是人类在认识世界和改造世界的过程中，从自身的需求出发，遵循规律，把握主客体关系上形成的观念，它对价值主体有规范、定向、驱动作用。"价值取向是价值主体在进行价值活动时指向价值目标的活动过程，反映出主体价值观念变化的总体趋向和发展方向。"理想、信念、信仰是最高的价值取向。[②] 价值取向同个体的行为选择有着密不可分的关系，在一定程度上就是个体化的观念倾向，但这并意味着价值取向可以脱离社会环境，具有特殊的个别性，这是因为任何个体的存在都离不开社会环境的支撑，个体在社会实践中所选择的行为方式和价值取向必然与其所处的社会文化体系有着直接的关联。从这个角度上来说，价值取向具有一般性和共同性的特征。张宝印对价值取向作出以下三个层面的划分：首先是宏观层面，即价值主体——人类的价值取向；第二是中观层面，即价值主体——人的社会价值取向；第三是微观层面，即价值主体——社会中具体的个体的价值取向。

综合上述研究成果，本书尝试给人的价值取向做出以下概念：价值取向是以处在具体的社会形态中的人为主体，人都有着理想，希望实现自我价值，为了实

① 贝尔．资本主义文化矛盾[M]．赵一凡，译．北京：生活·读书·新知三联书店，1989.
② 阮青．时代感召和哲学思考[M]．北京：东方出版社，2020.

现预期中的目标，人积极参与社会活动，在处理人与自然、人与社会的活动中展现的一种观念和态度，它是在对行为的目的、意义的认识基础上，对人生价值目标和人生修养选择的一种反映。价值取向具有如下特征：首先，价值取向的主体是处在具体社会环境中参与社会实践的人，具有主体性；其次，价值取向的主体是生活在不同社会环境中的人，由此形成不同的观点和态度，具有多样性；再次，价值取向的目的是实现自我设定的价值目标，能够指导人们生活，具有未来指向性。除此之外，价值取向并不是恒定不变的，不同的时代有着不同的价值取向，具有鲜明的时代特征；价值取向的主体是社会中的具体个体，由于生活经历、教育背景等因素的差异，个体的价值取向也是千差万别的，具有个体特征。简而言之，价值取向实现价值观的一种行为选择，是人们以自身的需要和发展为依据，评判某种事物是否具有价值以及具有何种价值的见解和选择。价值取向并不是凭空出现的，而是以人们既定的价值观为基础，对于价值目标做出选择或寻求方向。价值取向是由一系列认识和实践所构成，它是一个动态的过程，在这个过程中，人们对可能的价值目标进行选择、比较，并最终确定价值较大的对象。同时，价值取向也是人对自身生存意义和生存方式的思考。价值取向贯穿于人们日常的生活和行动中。从范围上，可以将价值取向分为个体、群体、社会三个层面。个体价值取向代表的是个人，群体价值取向代表的是某个群体，社会价值取向则代表某个特定历史时期的社会。

（二）价值观、价值取向的影响因素

人是具体的、历史的。处于特定历史时期、特定环境中的人的价值观、价值取向的形成不是闭门空想的结果。

“价值”作为哲学中的专用术语，必然和其他哲学相同，有着普遍的客观基础和表现形式。价值的普遍基础和存在形式属于人类的一种普遍的基本关系的范畴——主客体关系的一个方面，即在主客体相互作用中，通过主体的引导作用使得客体逐渐趋向于主体，进而达到客体主体化，在主体和客体的关系中，主体为主导，客体为主体服务，满足主体需求。

一般而言，主体都是按照“为我”的方式建立主客体关系，主体对客体的作用与满足主体的需要有关，需要是主体对于客体发挥作用的内在动因。无论是审

美价值还是认知价值抑或是道德价值皆是如此。需要的产生同主体的自身结构息息相关，不同的主体有着不同的结构，有着不同的内在特质，这就导致产生的需要也是大不相同的。另外需要的产生还受到周围世界的影响，因为主体并不是孤立存在的，而是同周围世界有着密不可分的关系，周围世界在潜移默化中影响着主体，也间接影响着需要。每一个主体都是社会和历史的产物，主体的自身结构和规定性经受了历史的考验。主体有着何种结构，就会产生何种需要。需要是无处不在的，主体自身结构的每一项规定会产生需要；人和世界是普遍联系的，在联系的过程中也会产生需要。

价值观是受人的需要和社会环境特别的影响所形成的。价值不是随着时间一张一弛不断反复波动的意欲对象，而是恒常性的“理想状态”。有机体产生的“需求”并不能直接变成价值，因为抑制有机体欲望直接满足的社会体系，参加了价值的生成。

价值观、价值取向来源于需要。需要是客观的，虽然需要表现为评价等主观形式，但其本质是客观的。需要不会因为主体意志或者其他任何意识的改变而发生转移。需要代表着主体与客体之间的一种联系，这种联系是客观存在的，是必然的。需要和需要的意识并不相同。根据内容的不同，需要可以分为物质需要和精神需要。需要的满足过程是一个客观的过程。需要以人为载体，通过人的行为（活动）来呈现，为人的行为（活动）提供动力。需要对价值观、价值取向的形成有重要的影响。

人类的需要可以有不同的分类标准。从满足人需要的事物的角度出发，李德顺将需要分为物质、精神、物质—精神综合三种类型。①

马斯洛的需求五层次说很典型地概括了人从低到高的几类需要：生理、安全、爱与归属、受尊重、自我实现。1954 年，心理学家马斯洛出版了《动机与人格》，该书一经出版就受到学术界的广泛关注，直到今天依旧是心理学中的经典著作。该书最突出的贡献就是提出需求五层次论。心理学专家在解释人格问题时通常会应用该理论，同时该理论也是解释动机的重要理论。需求层次理论认为，人的成长是外在环境和内在动力共同作用的结果，而动机就是最根本的内在动力。动机由多种需求构成，不同的层次有着不同的需求，即使是同一层次，需求的性质也

① 李德顺．价值论[M]. 北京：中国人民大学出版社，2020.

是大不相同的。各种需求间有高低层次与顺序之分，人的成长取决于每个层次的需求是否得到了满足以及满足的程度。①

克里夫·贝克认为，价值在很大程度上植根于人性本身。如果我们认为某些行为和追求促进了人生的幸福，那么我们就说它是有价值的。作为人性本身的价值是所有具体、特殊的价值所能够追溯到的“基础价值”。他把基础价值定义为“人类切切实实所追求的”。生存、健康、幸福、伙伴、友谊、同情、助人、自尊、被人尊重、发现、美感体验、实现、自由、生活的意义感，这些都属于基础价值。这些基础价值尽管不是永恒的、普遍的，但在不同的时期、不同的社会形态下，其表现形式会发生变化，会受到文化的强烈影响。尽管如此，这些基础价值都明显地存在着。在很大程度上，它们有着自己的生命力，顽强地阻止着对它们的践踏及控制。

1. 人的生存需要对价值观、价值取向的影响

每个现实的人作为个体都有某些方面的需求。在各种需求中，包括衣、食、住、行以及生理需要在内的维持生命体征、使生命得以延续的需求被称为生存需要。为满足新陈代谢和生命活动摄取营养的生存需要是人们最基本的需要，也是实现人们其他需要的前提和基础。马克思对于人的生存需要给予了高度重视，并将其看作是“必要的需要”。

生存需要对价值观、价值取向有基础性的影响。人们为之奋斗的一切，都和他们的利益有关。生存是人最基本的利益，因此对人的价值观、价值取向具有决定性作用。

2. 人的享受需要对价值观、价值取向的影响

人类与动物的不同之处在于，人是理性的存在，除了最基本的生存需要以外，人还有享受需要。当人们的基本需要得到满足后，便开始追求更高层次的需求，即享受的需要。享受的需要是人类生产力发展到一定水平后，渴望更高水平的生活质量，希望自身的肉体和精神都能体验到舒适和愉悦，它是连接生存需要和发展需要的中介。

人们通常将精神享受需要理解为精神需要，但这种需要通常借助物质形式表现出来。享受需要的这种物质表现如果得不到很好的节制，就会导致浪费，出现

---

① 马斯洛．动机与人格[M]．李省时，马淑璇，于诗雯，译．南京：江苏人民出版社，2021．

享受的无止境现象，正所谓“欲壑难填”。当代社会，奢侈型消费等满足享受性需要的价值取向有相当的影响力。一定程度、一定范围的高消费、消费主义膨胀的祸端就是这种享受性物质需要。人们一旦痴迷于物质享受，就会为满足一己私利而谋取最大化利益。无节制地追求享乐，会使人不断地追求物质享受，并诱导人采取违法行为以满足需要，最终误入歧途，给社会资源、环境造成巨大浪费与压力。当代某些人对于财富有着极端的占有欲，物质欲望极度膨胀，秉持着奢侈浪费的错误观念，将过度的消费主义作为人生的最高价值。他们沉醉于感官文化中，吃喝玩乐、腐化堕落。

享受需要在人的发展过程中发挥着承上启下的作用，如果人有着崇高的理想，精神境界将始终朝着积极向上的方向发展，会将人的需求推进到发展需求这一人的需求的高层阶段上，对人的发展起到积极作用；反之，则会导致享乐主义、消费主义泛滥。

3. 人的发展需要对价值观、价值取向的影响

人的发展需要是建立在合理需求基础上的需要，是生存需要和享受需要发展到一定阶段的产物，是生命力、体力、智力以及其他能力提升的前提和基础，是实现自我价值的一种精神状态，是马克思提出的“人的全面发展”的具体体现。人的发展表现在两个方面：一是人们有着实现自身价值的强烈渴望，有着提升自身能力、认知以及文化素养的需求；二是人们对于社会和自然界有了更加深刻的理解，希望正确处理人与自然、人与社会的关系、实现人与自然，人与社会的和谐相处。

人的全面发展这一理想是一种对现实的批判，它给予现实中的人一种生活的理由、信念，指引着人类朝着这个方向孜孜不倦地奋斗。

总之，人的不同需要影响着其相应的价值观，塑造着其相应的价值取向。当然，这种影响、塑造是在现实的实践活动中完成的。脱离实践活动去解释人的价值观的形成，价值观、价值取向就会成为无源之水、无本之木。只有从现实的人和现实的实践活动出发，才能恰当地理解人的需要、人的价值观和人的价值取向。

此外，特定历史时期、特定社会形态下的社会价值观作为一种社会生态，对处于其中的个体价值取向有重要影响。涂尔干所说的社会事实中，就包括了这类观念形态的社会事实，它对于个体有普遍性、强制性的影响。

（三）价值观、价值取向对人的行为和社会发展的作用

人的行动是合规律性和合目的性的统一。就合目的性方面而言，人的实践活动一方面是追求价值、实现价值并重塑价值观的活动，另一方面又是在价值观引导下形成与展开的。价值观、价值取向对个人的行为和社会的发展具有定向、规范和激励的作用。

1．价值观、价值取向的定向作用

人参与社会实践活动时，总是从自身的需要出发，凭借自身以往在社会实践性形成的认知结构和价值判断，进行有利于自身生存和社会发展的社会活动，重塑自身价值观。价值观、价值取向对人的社会活动有着能动作用，当人类面临历史转折的重大时刻，或者处于社会制度变迁的社会环境中，正当、合理的价值观、价值取向就会充分发挥其前瞻性优势，为社会主体的活动提供价值标准和社会发展的总体目标。从个人成长的角度来说，这种价值标准有利于维护个体的正当权利，实现个人的健康可持续发展；从社会发展角度来说，这种价值标准得到了大多数社会成员的认同，对于社会整体的发展具有积极意义。美好生活的实现有赖于科学合理的价值。因为每个人都有着实现美好生活的良好愿景，希望自己的生活能更好一点，所以我们相信，人们会为了自己和他人的美好生活，不断完善价值体系和生活方式。

2．价值观、价值取向的规范作用

价值观、价值取向规定着社会主体所进行的价值评价、价值选择等活动。价值观存在于每一个独立存在的价值主体中，随着时间的增长和阅历的积累，价值主体逐步形成了独具特性的价值观，并在价值观的指导下追求个体需要，并在需要满足的过程中以价值观、价值取向作为行为准则来约束自己的行为。当价值主体出现“越轨”的思想和行为时，价值取向会主动发挥提醒功能，促使价值主体放弃与自身价值目标相背离的观念，从而保证价值体系的整体一致性。在人的成长成才的道路上，价值取向发挥着规范作用，指导人们遵循价值体系的行为准则，在已经确定的价值追求上开展合理行动。

3．价值观、价值取向的激励作用

价值观、价值取向以实现价值目标为宗旨。现实与价值目标之间是存在差距的，人们通过多种渠道，运用各种方法，创造条件，自觉追求一种共享价值观。

这种共享价值观得到了大多数社会成员的认可，为了实现这种确立的价值目标，全体成员不懈地努力，孜孜不倦地奋斗，从而使群体和个人形成了共同的标准，激发了社会成员从事价值活动的激情，成为群体和组织的黏合剂。共享价值观具有强烈的感召力和凝聚力，能够使得个体为实现价值发挥兴趣、信念等非理性因素的能量，增强实现目标的积极性，最大限度地激发价值主体在实践活动中的激情和活力。

由于价值观有上述重要作用，所以研究价值观的问题是十分重要的。这种研究有助于厘清价值观现状，在此基础上建构科学、合理的价值观，有利于人的发展和社会的和谐。

（四）对当代中国社会价值观现状探究的视角和思路

价值观对于个人和社会来说都是相当重要的。在当代中国社会，价值观多元化的趋势不可逆转，在这种情况下怎样建构能够凝聚共识的价值观，是非常重要的理论和现实问题。

对于价值、价值观问题，可以有不同的考察方式。

社会学的考察方式是共时性的，也是综合性的，且基于社会学的立场、方法，不同于哲学的元理论的方式，也不同于心理学、逻辑学等考察方式。

二、职业价值观

个人的年龄阅历、教育背景、兴趣爱好、家庭影响等方面的不同，导致人们对于不同职业有着不同的主观评价。从社会发展的角度来说，受社会分工和生产力发展水平等因素的影响，各种职业存在着显著的差异，这种差异体现在多个方面，如职业的劳动性质、工作内容、劳动难度、劳动强度、劳动条件、福利待遇、所有制形式、稳定性等都大不相同，加之受传统思想观念及其他因素影响，各类职业在人们心中的印象也是所有不同的，如人们普遍认为教师肩负着传道授业解惑的重任，有着较高的社会地位，而环卫工人由于常年在脏乱的环境下工作，社会地位偏低，这些评价形成了人们的专业价值观。当人们在选择就业方向和具体的就业岗位时不免要受到这些因素的影响。

每一种职业都各有其属性，不同个体对于职业意义与好与坏的理解与评价是不一样的，这就是职业价值观。职业价值观是价值观在职业选择上的体现，决定了人们的职业期望。职业价值观对人的发展有着深远的影响，它不仅影响着人们对职业方向和职业目标的选择，而且决定着人们进入工作岗位后的工作态度和劳动绩效水平，甚至人们未来的职业发展状况都或多或少地受到职业价值观的影响。哪个职业未来有更好的发展前途？哪个岗位适合自己？自己决定进入某一行业，从事某一项具体工作的目的是什么？这些问题都是职业价值观取向的具体表现。

职业价值观，不是看如何看待“职业价值”的本质，而是注重在职业生涯规划和职业生活中，在众多的价值取向里，优先考虑哪种价值。一般来说，在大多数人眼里，理想的职业应该是这样的：能够获得较高的工资，福利待遇也很不错；舒适的工作环境；同事之间和睦相处，人际关系良好；工作稳定，并且有着很好的上升空间；能够定期接受培训，能提供较好的受教育机会；社会地位高，受到周围人的认可和支持；工作不是很紧张，外界的压力也不大；能够充分发挥其能力特长；能够通过自身的努力为社会做出较大的贡献。

（一）职业价值观基础

1．职业价值观的概念

顾名思义，职业价值观就是人们对于职业选择的观点和态度，是人生目标在职业选择方面的具体表现，通俗地讲，职业价值观就是指个体对各类职业的认知以及对职业目标的追求和向往。中国有句俗语：“人各有志”。这个“志”指的是志向、理想，当人们在考虑未来的职业发展方向时，“志”反映的就是人们的职业价值观，主要表现在以下几方面：在职业价值观的引领下，人们有着明确的择业动机，对于未来的职业目标有着清晰的认知，以自觉坚定的态度来选择行业和岗位。如果一个人的人生目标是实现自我价值，那么在选择职业时就会从自身的兴趣爱好出发，选择最能展现自身特长的职业；如果一个人只是一味地追求名和利，那么他在选择职业时，就会从社会地位和福利待遇的角度出发，优先考虑具有较高社会地位和较好福利待遇的岗位。职业价值观的内涵包括以下三个方面：

第一，职业价值观是一个人对各种职业价值的基本认识和基本态度。

第二，职业价值观昭示着人们以工作为载体，实现人生理想的过程：人们投身工作的目的究竟是为了实现自身的价值，还是为了金钱，为了权力，抑或是为了一种情感关系。

第三，职业价值观是人们在选择职业时的一种内心尺度，在择业过程中占据主导地位。人们的择业心态、行为都取决于职业价值观；同时职业价值观主导着职业人生认知，在人们职业发展过程中发挥着重要作用，让人们了解外界事物对于他们事业发展的重要性。除此之外，它对于人的成长成才有着积极意义，让人对于自我有着清晰的认知，为那些自认正当的职业行为创造充分条件。

2. 职业价值观的类型

美国的职业学家对社会上的各种职业进行深入的研究，总结归纳出 15 种职业价值观类型，分别是助人、美学、创造、智力刺激、独立、成就感、声望、管理、经济报酬、安全、环境优美、与上级关系、社会、多样化和生活方式。职业学家通过大量的调查，把职业价值观分为六大类（表 1−1）。

表 1-1　六类职业价值观的特点和相对应的职业

职业价值观	特点	相应职业类型
支配型（独断专行型）	飞扬跋扈，无视他人的想法，为所欲为并且视此为无比快乐	推销员、进货员、商品批发员、旅馆经理、饭店经理、广告宣传员、调度员、律师、政治家、零售商等
自我实现型	不关心平常的幸福，一心一意想发挥个性，追求真理。不考虑收入、地位及他人对自己的看法，尽力挖掘自己的潜力，施展自己的本领，并视此为有意义的生活	气象学者、生物学者、天文学家、药剂师、动物学者、化学家、科学报刊编辑、地质学家、植物学者、物理学者、数学家、实验员、科研人员、科技工作者等
志愿型	富于同情心，把他人的痛苦视为自己的痛苦，不愿做表面上哗众取宠的事，把默默地帮助不幸的人视为无比快乐	社会学者、导游、福利机构工作者、咨询人员、社会工作者、社会科学教师、护士等
技术型	认为立足社会的根本在于一技之长，因此钻研一门技术，认为靠本事吃饭既可靠，又稳当	木匠、农民、工程师、飞机机械师、野生动物专家、自动化技师、机械工、电工、火车司机、公共汽车司机、机械制图员等
自由型（非工资生活者型）	不受别人指使，凭自己的能力拥有自己的小“城堡”，不愿受人干涉，想充分施展本领	室内装饰专家、图书管理专家、摄影师、音乐教师、作家、演员、记者、诗人、作曲家、编剧、雕刻家、漫画家等

续表

职业价值观	特点	相应职业类型
小康型	追求虚荣，优越感也很强。很渴望能有社会地位和名誉，希望受到众人尊敬。欲望得不到满足时且有过于强烈的自我意识，有时反而很自卑	记账员、会计、银行出纳、法庭速记员、成本估算员、税务员、核算员、打字员、办公室职员、统计员、计算机操作员等

3．职业价值观的影响因素

有关研究表明，职业价值观的形成受到内外两种因素的影响。从外部因素来说，职业价值观受社会环境、学校教育以及家庭背景等方面的影响较大；从内部因素来说，则会受到身体健康状况、兴趣爱好、性格、年龄等影响。

（1）社会因素的影响

随着市场经济体制的逐步深入，市场经济体制下公有制一统天下的局面逐步被打破，私有企业、外资企业不断发展壮大，经济利益日趋多样化，社会生活方式和组织形式更加丰富，这些变化打破了人们原有的价值观念和利益格局，继而使人们原有的职业价值观念发生变化。大学阶段是人生观、价值观形成的关键时期，今天的大学生有着更广泛的信息获取和传播渠道，具有思维活跃、情绪敏感的特点，与之相对应的是，他们的价值观念更容易受社会环境的影响，社会环境的变迁，使得他们的价值观念发生很大的转变，进而构建全新的价值体系。

（2）学校因素的影响

学校作为培养人才的专门场所，遵循教育规律，按照教育目标，有计划、有步骤地开展教学。知识经济时代，社会对于人才提出更高的要求，学校教育顺应时代的发展潮流，以培养高素质的应用型专门人才为宗旨，所有的教育活动都围绕着培养学生的社会适应性而展开，对于个体的职业价值观形成与发展有着直接的影响和重大的作用。有些相关研究也对这一问题进行了深入探讨：

一是学校通过开展专业教育，不仅向学生传授专业知识，要求学生掌握专业技能，而且能站在学生健康成长的角度，向学生介绍所学专业的研究现状，让学生从宏观上掌握所学学科的发展基础，并在此基础上，根据学生的专业特长和兴趣爱好进行职业规划，引导学生展开职业设想，形成职业认知，并从自身特点出发进行职业选择和职业评价。

二是教师在学生健康发展过程中起着难以估量的重要作用，特别是随着高等教育体制改革的不断深入，加强“双师型”教师队伍的建设，已经成为教育界的普遍共识。所谓双师型教师就是社会对于专业课教师的一种特殊要求，他们既是学科领域的研究骨干，有着较高的文化水平和丰富的专业理论知识，还具有宽广的专业基础知识和熟练的专业实践技能。教师有着强烈的责任心，爱岗敬业，以身作则，潜移默化中引导学生塑造正确的职业价值观。

三是学校作为培养学生的主阵地，加强校园文化建设，通过组织主题辩论会、参观革命圣地等活动开展德育工作和人文教育，进而对学生职业价值观的形成发挥重要的导向作用。

（3）家庭因素的影响

家庭作为社会的基本单位，是一个人成长、成才的第一所学校，对于大学生职业价值观的形成会产生最直接、最原始的影响。大学生的成长离不开家庭的支持，大学生在与父母朝夕相处时，接受来自父母的教导。有关研究表明，家庭对于大学生职业价值观的形成有着深远的影响，家庭成员特别是父母的作用最为显著，具体表现在家长的社会背景、爱好特长、宗教信仰等方面。在与父母相处时，子女会不自觉地受到他们人生观、价值观的影响，在他们以后事业上的想法、态度和行为起着潜移默化的作用。

（4）个人因素的影响

辩证唯物主义的基本原理之一是：内因是事物变化和发展的基础，外因为事物的变化和发展提供条件，外因是通过内因而发挥作用的。大学生职业价值观形成除受到以上因素影响之外，还与他们的个人因素有着密不可分的关系。个人因素主要有健康、兴趣、个性和能力等。

健康是职业生涯起步的首要条件。个体不管从事哪种行业，开拓何种事业都有赖于健康的体魄，但不同职业对于身体健康的需求也会有所不同，比如采矿、勘探这类专业就需要从业人员身体状况好，而眼睛高度近视的人不能从事精密仪器制造业等，因此，健康状况会对大学生职业选择产生影响。

兴趣是大学生职业价值观塑造的前提性要素，他们选择何种专业和从事何种职业常常从兴趣开始。

人的性格千差万别。职业心理学的研究显示，不同的职业对性格的要求是大不相同的，同时，不同个性的个体在不同专业中适应性存在差异。对于一个企业来说，如何根据员工的性格特征来安排合适的工作岗位是一项重要课题，不仅关系着员工个人的工作业绩，还关系着企业的发展前景；对于一个人来说，性格决定他们在职业上能否取得成功。因此，性格是大学生在择业时应该考虑的重要因素之一。

能力是一个人是否具有胜任工作岗位所必需的专业和技能，是一个人能否进入职业的先决条件，能力不同，职业选择的态度和方向也就有很大差异。个体的能力对大学生职业选择有显著影响，个人能力大小在职业定向和职业选择中具有筛选、定位作用。

4. 职业价值观对职业生涯发展的作用

在现实生活中，每个人是根据自己的职业价值观选择自己所认同的生活方式，而这种生活方式最终决定我们人生的幸福感。因此，可以说主宰我们做出职业抉择的关键因素是个人的职业价值观，其对职业生涯发展的作用表现在：

（1）价值观的激励作用

价值观是一套完整的自我激励机制。

（2）价值观的决定性作用

价值观是人们在考虑问题时所看重的原则和标准，是人们内在的驱动力，在人们的职业生涯发展中往往起着决定性作用，它反映一个人的人生哲学，是支配人所有思想的根本。

（3）价值观的变化性

生涯发展理论强调个人的需求并不是恒定不变的，而是随着个体所处的社会环境和所处生涯发展阶段的不同，发生相应的改变，由此可能会带来价值观上的转变；由于我们身处一个多元化社会，多种价值观的影响还可能使原有价值观体系发生紊乱甚至变化；再加上因为时代发生了翻天覆地的变化，多元价值体系的影响，及个人成长与发展带来的改变，使我们常常会感到“职业的不适”。因此，内心矛盾冲突，想妥协或放弃时，我们应该审视和澄清一下价值观是否有变化。

5. 树立正确的职业价值观

（1）处理好职业价值观与个人兴趣和特长的关系

人们在考虑从事何种职业时，需要考虑多种因素，其中职业价值观、个人兴趣和特长是最重要的三个因素。

在确定价值观时，一定要考虑选择的职业是否与自己的兴趣爱好或特长相适应。调查显示，如果从事的职业是自己没有兴趣甚至是讨厌的岗位，那么将近八成的人很难在这个职业中取得卓越的成就，相反，如果你选一个热爱的职业，便能充分地调动起人们的潜力，使人们得到事业发展的动力。另外，选一个你所擅长的职业，还能取得事半功倍的效果。

（2）处理好职业价值观的排序与取舍的问题

职业价值观所具有的特殊属性决定了人们不可能只拥有一种职业价值观，人性有着利己的特点，在这种本能的驱使下，人们有着获取所有美好事物的愿望。然而，在现实生活中“鱼与熊掌不可兼得”，在职业选择时，人往往无法理智地处理这一问题。既然是选择，就要付出代价，只有懂得舍得，才能有所收获。因此这就要求我们，给自身的职业价值观做一个排序，知道哪些方面对于自己来说是最重要的，哪些方面是次重要的，并提醒自己世界上没有完美的事物，自己不可能什么都得到，否则，患得患失，一生都不知道自己究竟要的是什么，更不要说事业上的成功，以及为社会所作出的贡献。

（3）处理好职业价值观中个人与社会的关系

人是不可能脱离社会而独立生存的，个体只有在工作中为社会作出贡献，才有可能实现其职业价值。当然，这并不意味着个体在择业时要忽略个人因素，仅仅从社会角度出发去履行社会责任。这种行为不仅对个人不利，更是一种社会损失。例如，让一个充满创造思维但是却不善言辞的学者放弃自身的特长而去从事教师工作，就有可能使国家损失一项重大发明，而社会也只不过多了一名也许并不优秀的教师。因此，我们在考虑职业价值观时，要兼顾与平衡国家需要、社会需要和个人需要。

（4）处理好职业价值观与名利的关系

从某种意义上来说，功名利禄是人们辛苦工作所得到的回报，是在确定职业价值观时必须要面对的问题。有的毕业生在找工作时以名利作为首先价值观，从本质上来说，这种观点并不是错误的，但是由于大学生刚刚步入社会，阅历较浅，专业知识的积累不够，能力也有待提高，想要在短时间内获得名利是不太现实的。很多大学生梦想着一夜暴富或者一朝成名，这种心理是不健康的，更是危险的，容易被社会上的不法分子利用，甚至步入歧途。随着我国高等教育由精英化向大众化转变，大学招生的数量不断增多，就业形势异常严峻，面对日趋激烈的竞争，我们更应理性地看待名利，降低对金钱的期望值，将目光放远，尽量把自我成长、自我实现当作毕业求职的第一选择价值。

（二）个人职业价值观的深入探索

1. 个人职业价值观理论基础

（1）马斯洛的需求层次理论

马斯洛在对人的需要进行深入研究的基础上，提出了需求层次理论，即任何处于社会状态中的个体都有着需求，依次是生理需求、安全需求、归属需求、尊重需求以及自我实现需求，这些需求呈金字塔形式，只有低层次需求得到满足后，人们才能够更好地满足更高层的需求。这些需要反映到我们生活当中来，成了我们的价值，它们有很强的驱动力（图 1-1）。[①]

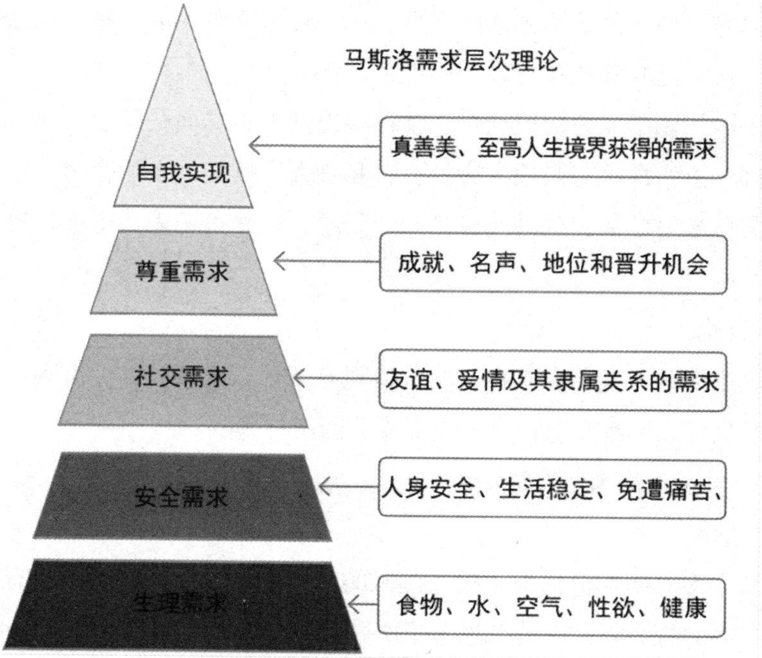

图 1-1 马斯洛的需求层次理论中的 5 个需求层次

① 马斯洛．动机与人格[M]．南京：江苏人民出版社，2021.

（2）赫兹伯格的激励理论

员工工作满意度的高低有赖于内外激励因素的权衡。外部的激励因素包括工作条件、工资待遇等。内部的激励因素包括人际关系、支持、认可、成就感等。

2. 个人职业价值观与市场价值

（1）准备

写出5条最重要的价值观，分别写在5张小纸条上。在纸条背面写上对价值观的描述，即要达到什么程度才能满意。

重要价值观可以包括人际归属感、团队合作、能帮助他人、家庭、朋友、亲密关系、有益于社会稳定、安全、健康、乐趣、物质保障、工作与生活平衡、符合个人道德观、高收入、被认可、受尊重、成就感、成功、名誉、地位、竞争、权力、创造性、新鲜感、自由、挑战性、冒险性、多样性和变化性、能发挥自己的才能、有学习或成长的机会等。

（2）交换

现在思考：如果因为不如意的境况，必须要舍弃其中的一条，那么自己究竟会舍弃哪一条？把准备舍弃的这条和其他人交换。

现在手中只剩下4条价值观了，当再次遇到不利局面必须要舍弃一条时，这一次放弃哪一条？再次与其他人交换。将和别人交换的纸条放在另一边。继续下去，直到剩下最后一条。这时问自己一个问题：这一条是无论境况再窘迫都不会放弃的吗？

（3）讨论

通过这个活动，参与者对自己的价值观有了什么了解？其价值观会对职业选择和人生产生什么影响？影响价值观形成的因素有哪些？

3. 个人职业价值观的判断要素

（1）选择

它是从众多的职业价值观中挑选出来的吗？它是自由选择的，没有来自任何人或任何方面的压力吗？它是在思考了所做选择的结果后被挑选出来的吗？

（2）珍视

是否珍爱自己的职业价值观，或者为自己的选择感到自豪？是否愿意向他人公开坦诚自己的职业价值观？

（3）行动

个人行动是否与所选择的价值观一致？是否始终如一地根据价值观来行动？

在职业价值观的要素上，通常以如下标准来衡量职业发展是否成功：现在的这种生活方式是不是理想中的生活，职业产生的生活方式与价值观是否相契合。如果符合，个体就会感到幸福，哪怕收入相对低一点；如果不符合，个体就会感觉到痛苦，即使通过工作能获得很高的物质报酬。在职业发展上，没有必要去羡慕他人，关键在于得到的是不是自己想要的，而且失去的也是自己并不太在意的。真正完美的职业是不存在的，最圆满的职业追求是平衡。

（三）职业锚理论与职业选择

1. 施恩的职业锚理论

职业锚的英文全称为 Career anchors，这是人力资源管理领域的专业术语。美国职业指导专家埃德加·施恩（Edgar Schein）教授率先提出这一概念。在施恩看来，职业规划实际是一个持续探索的过程，在这个过程中，每个人都从自身的特点出发，综合考虑自己的天资、能力、动机、需要，随着年龄的增长和阅历的增加，逐渐形成较为清晰的与职业相关的自我概念。随着人们自我认识的逐步深化，这个人就会形成一个占主要地位的职业锚。职业锚也可称为职业系留点，是当人们面临不得不选择的境遇时，他无论如何都不会放弃的职业中的那种至关重要的东西或价值观，是自我意向的一个习得部分。施恩教授对美国麻省理工学院斯隆商学院 44 名 MBA 毕业生进行了职业方面的研究，基于自愿的原则，施恩教授组建研究团队，时间跨度为 12 年，具体分析这些毕业生的职业生涯。通过面谈、跟踪调查、公司调查、人才测评等多种方式，最终总结出职业锚（职业定位）理论。

施恩教授指出，要想准确地概括出一个人的职业锚是一件相当困难的事，之所以这样说，就是因为个人的职业锚处于不断变化的状态，从本质上来说，它是个体职业价值观不断探索过程中所产生的动态结果。职业锚并不是一个孤立的概念，而是由个人能力、动机和价值三个维度构成的结合体，三者相互作用，是个体与工作环境之间相互作用的产物，伴随着社会实践的发展而不断调整。对于大部分人来说，职业锚是一个陌生的概念，也许有人一直都不知道自己的职业锚是什么，直到面临重大转变，不得不作出某种选择时，他之前曾经历过的事情就浮现在脑海中，比如工作经历、兴趣爱好、资质等，凡此种种汇集成一个有意义的模式，这就是职业锚。职业锚会告诉人们，对于他本人而言，究竟哪些东西最为重要。

经过多年的研究，施恩教授总结出以下 5 种职业锚。[①]

（1）技术性或职能型

其英文全称为 Technical Functional Competence。拥有这种职业锚的人希望能在技术或职能领域作出突出贡献，寻求技能的提升并持续改进工艺，希望将这类技术 / 功能应用到生产生活中。他们对于自己的认可程度同自身的专业水平呈正相关，喜欢在专业领域里迎接挑战。对于管理工作，他们一般持否定态度，因为这将意味着他们放弃在技术 / 功能职能领域取得的成就。

（2）管理型

其英文全称为 General Managerial Competence，拥有这种职业锚的人对于职位的晋升有着极高的热情，对于管理工作情有独钟，喜欢单独承担某一部分工作，有着良好的沟通能力，善于利用资源，可将他人工作的结果进行跨部门融合，他们想要对这一部分负全部责任，并且将企业的兴衰成败视为他们自己的事业。虽然他们在特定技术领域取得了一定的成就，但是特定技术 / 职能工作只是他们通往更高管理层的必经之路。

（3）创造型

其英文全称为 Entrepreneurial Creativity，拥有这种职业锚的人认为自己有着独特的才能，希望通过自己的努力，建立自己的企业，或者创造一个之前从未出现，以后将完全属于自己的产品，或者向他人提供从未有过的服务。愿意去冒风险，当面对困难时，有着迎难而上的勇气，并且能够克服所有遇到的阻碍，他们要让全世界都知道，企业是通过自身努力建立起来的。他们也许在其他人的公司工作，但是与此同时，他们也正在研究和评价未来的机遇，一旦感觉时机成熟了，就会去创建自己的事业。

（4）自主型

又被称为独立型，其英文全称为 Autonomy Independence。拥有这种职业

① 施恩．职业锚：发现你的真正价值[M]．北森测评网，译．北京：中国财政经济出版社，2004．

锚的人天性热爱自由，不喜欢被约束，希望按照自己的心意安排自己的工作方式和生活方式，寻求能够发挥个人能力的环境。对于他们来说，自由和独立是人生的唯一追求，为了自由宁愿放弃晋升的机会。

（5）安全型

又被称为稳定型，其英文全称为 Security Stability，拥有这种职业锚的人寻求工作中的安全感和稳定感，只要想到未来会取得的成功，他们就会觉得安心，有放松的感觉。他们对财务安全问题非常关注，比如，退休金和退休计划。他们给人稳定可靠的感觉，以诚信的态度来对待所有人，对公司忠诚，对于上级交代的任务，不打折扣地按时完成。尽管有时他们可以达到一个很高的职位，但是他们并不关心具体的职位。随着对职业锚的深入研究，20 世纪 90 年代，施恩将职业锚增加到 8 种类型。

（6）服务型

其英文全称为 Service Dedication to a Cause。拥有这种职业锚的人将帮助他人，以满足他人的期待为价值观，比如他们希望通过自己的努力来改善人们的安全，或者消除疾病。他们不断地追求着这样的机遇，他们宁愿更换公司也不会接受影响他们实现这种价值的工作变换或工作提升。

（7）挑战型

其英文全称为 Pure Challenge。拥有这种职业锚的人喜欢迎接挑战，喜欢解决常人难以解决的问题，战胜强硬的对手，攻克难以逾越的困难与障碍，等等。对于他们来说，之所以要参加工作或职业，是因为工作为他们提供了挑战种种不可能的机会。越是新奇，越是难度大的事情，他们也会越兴奋，如果事情很容易，他们马上就会觉得很无聊。

（8）生活型

其英文全称为 Lifestyle，拥有这种职业锚的人喜欢协调好个人需要、家庭需要以及职业需要三者之间的关系，希望将生活的各个主要方面整合为一个整体，甚至可以牺牲提升带来的职业转换，他们将成功定义地比职业成功更广泛。

20 世纪 90 年代，施恩教授推出了职业锚测试量表（又称职业定位测试），帮助人们探索个人的能力、动机和价值观。职业定位测试又被称为最佳职业定位，是个人在长期的职业生涯实践中对于内外部条件、因素所进行的冷静而理智的分析，积极主动地选择能够对自身发展最有帮助、贡献最大的职业定位。职业定位测试主要是针对在职员工，经过长时间的工作实践，他们对于自己的职业有着一定程度的了解，职业锚倾向没有好坏，回答问卷时可以根据第一感觉迅速答题。

2. 职业锚与职业发展

职业锚是指个人在早期职业发展过程中逐渐建立起来的一种职业定位，其对职业发展的意义表现在以下几方面。

（1）提高职业适应性

一般来说，个人在入职之前总会进行多种准备工作，比如客观分析自身的优势和劣势，从自身的实际出发做好职业规划等，综合考虑多方面的因素，进入企业组织。这本身就代表了个人所选的职业同自身的需求有着内在契合性，即具有某种适合性。但是这个适合性，仅是初步的，是个体凭借自身的经验，运用分析、判断等思维方式所得出的主观认识，还没有被职业工作实践所证实。职业适应性是指在个体职业工作的实践中被证实并发展起来的一种适合性。职业活动的开展离不开物质环境的支撑，个人从事职业活动时，总是处在特定的心理环境中，个人从事职业的态度受到诸多因素的影响，这些因素既有主观因素，如个人对工作的兴趣、价值观、专业技能等，又有客观因素，如工作环境是否适宜、福利待遇是否满足员工的需要、工作氛围是否包容、组织是否认可自己、人际关系是否和谐，以及家庭成员是否支持等。个人的职业适应性就是调整自己，以便在最短时间内习惯这些因素，也就是在组织的具体职业活动中，把职业工作的性质、种类及工作条件，融入个人需要，实现价值目标，让自己在职业工作和生活中都得到满足。职业适应结果，就是能够确保个体长期从事某一职业活动的能力，并可确保个体在职业活动中具有较高效率，对于个体的全面协调性发展有着积极意义。因此，职业适应性是个体职业生涯不断探索的过程，最初个体进入组织时属于主观职业适合，通过职业活动时间，个体不断调整自我转变为职业适应，即个人搜寻职业锚或开发职业锚的过程。职业适应性为职业锚的形成奠定基础。

（2）发展职业角色形象

这一步骤的有效落实有赖于职业计划表的制订和职业目标的科学选定。职业计划表是一张工作类别结构表，就是组织根据自身的特色，将各项工作分门别类地设计排列好而形成的图表，是对企业的人力资源配给情况进行系统性地展示。

个人要以职业计划表为依据，对职工工作类别、职务升迁进行深入地研究，对职务变化途径做到心中有数，综合个人需求和价值，实事求是地选择职业目标。一旦瞄准目标，就要按照目标工作职能和其人员素质要求，有的放矢地开展自我培养与培训，使自己具备从事该项职业所必备的专业知识和技能，从而在组织内树立良好的职业角色形象。

（3）培养和提高自我职业决策能力和决策技术

自我职业决策的能力，是职业能力的重要组成部分，个体所具有的决策能力大小以及决策正确与否，对于职业生涯的发展有着深远的影响，甚至可能影响终生。个人的职业生涯是一个长期的过程，在不同阶段有着不同的发展特点，可能会出现职业发展的转折时期，如首次择业、选定职业锚、重新择职时，职业决策能力与决策技术在其中扮演着非常重要的角色。自我职业决策能力，是指个体在现实生活中积累的、用以成功地完成职业选择活动而必须具备的知识、技能与个性心理品质。当职业决策能力被应用到实际职业决策时，强调决策技术是必要的，决策过程的流程如下：一是收集各项相关职业资料及个人资料，并对这些资料进行科学的分析和评价，即对几种职业选择途径所产生的结果及可能性进行分析及预测；二是从个人实际出发，分析个人预期职业目标和价值观；三是将个人的主观愿望、需求同客观职业需要进行综合分析，权衡利弊得失后，明确最适合的职业岗位。

三、大学生职业价值观

（一）大学生职业价值观内涵界定

对于大学毕业生来说，择业是他们正式进入社会、具有独立生活能力的标志，很多人将择业看作“人生的一大选择”。而职业价值观又是他们择业观念和行为的集中体现。在大学生职业生活中，职业价值观起着关键的引导作用。研究表明，大学生职业价值观贯穿于大学生学习、生活、择业的全过程，职业价值观不仅影响他们的择业行为，而且对他们的工作态度、劳动积极性乃至社会整体发展都具有深远意义。顾名思义，大学生职业价值观就是大学生对待职业、择业的态度和认知，是他们对于职业选择、职业评价、职业价值取向的总的看法，表现为他们是否以某种特定的标准来衡量社会上的某种职业的优劣，集中表现为大学生的职业需要与社会属性的相互关系。

改革开放以来，我国的社会经济得到了飞速的发展，特别在经济全球化和文化多元化的冲击下，我国的社会文化体系和就业制度发生了很大的转变，大学生群体的职业价值观也发生了改变。面对职业教育体制的不断深化和日趋严峻的就业环境，教育界的专家学者提出了大学生职业观的概念，并就大学生价值观的演变历程展开研究。计划经济体制下，我国大学毕业生在就业时由国家“统包统分”，改革开放以后，传统的就业制度已然不适应市场经济体制的需求，“供需见面、双向选择”制度应运而生，随着市场经济体制的不断深化，“双向选择、自主择业”早已成为主流趋势。当前我国大学生毕业就业制度依据以市场为导向、政府为指导，大学生与用人单位双向选择的政策，使得大学生的职业价值观也逐渐向自我价值的实现和发展过渡，大学生在选择职业时会根据市场需求调整职业选择行为。

大学生的职业价值观并不是孤立存在的，而是受到时代背景、就业政策等诸多因素的影响。虽然客观因素对大学生职业观的形成和塑造产生一定影响，但是高校在读大学生才是大学生职业价值观的意识主体，大学生自身才是推动大学生职业观形成的主要因素。大学生职业价值观是一定历史时期的产物，社会、经济、政治、文化等因素是大学生职业价值观形成的前提和基础，随着宏观、中观、微观等因素的变化而变化。大学生职业价值观不是一朝一夕就可以形成的，而是要经历一个长期、复杂的过程，它是择业活动中大学生世界观、人生观、价值观在深层上的全面体现。大学生职业价值观有着丰富的内涵，包含职业认知状况、职业理想目标、职业评价方式、职业选择结果、比较稳定的根本看法和态度。

（二）大学生职业价值观属性分析

1. 主观性

大学生职业价值观具有主观性，是因为职业价值观的形成遵循着其本人的感性认识经过实践检验上升到理性认识，再由理性认识来指导具体实践的一个过程。职业价值观属于人的价值观体系，所有价值观均为人类意识在外在物质世界与职业属性上的特定体现。人类的需求具有主观性，评价标准与个性倾向同样具有主观性。当人们根据自己的需要作出职业属性的价值判断与个性选择的时候，始终遵循其内在评价标准与个性倾向。

大学生的职业价值观决定了未来他们可能会选择哪些行业，甚至他们是否从事某一具体工作岗位也受到了职业价值观的影响。个人需求作为构成职业价值观的内部因素，在价值观形成的过程中处于支配地位。人们的职业价值观并不是单独存在的，而是以自身的需要为前提，人的需要改变了，其职业价值观也会随之发生改变。

2. 差异性

职业价值观是指大学生根据自己的需要，在判断、权衡特定职业属性时所表现出来的价值观。职业属性对自身需求满足情况在大脑中的反映，是形成职业价值观的心理基础。需要是人们对某种稀缺却又非常渴望得到的事物的一种索求性的心理反应。大学生的需要是复杂多样的，每个个体都有着不同的需要，有着不一样的内心世界；即使有同样的需要，但在程度、水平、强弱等方面都会有所不同，各有侧重。

在现实生活中，人们的个性特点、兴趣爱好以及生活背景等方面都有着很大的差异，而各种职业在性质上也是各有特点、千差万别。当人们从自身的需求出发，对现实世界中的各种职业进行衡量和评价时，职业价值观在具体表现上便呈现出丰富的内涵。

3. 稳定性

职业价值观在大学生的思想意识中处于较高的层次，是人相对稳定的人生态度。伴随着年龄的增长和能力的增强，大学生的认知水平不断提高，他们在现实生活中积累的经验日益丰富，职业价值观就是在家庭、学校、社会及个性倾向等因素综合影响下，逐渐形成的对职业人生的总体认知与评判。大学生职业价值观的形成需要经历一个相当长的时期，但是一旦形成，它就与大学生的价值体系融为一体，根植于人的思想深处，不容易发生改变，具有持久性和稳定性。

个体在通过对职业认知的不断加深，得到清晰的职业概念，并挖掘出心灵深处的价值取向以后，才能正确地认识自我、客观地评价自我，才能把对职业社会的认识、人生的意义、理想追求和自我价值结合起来，对社会职业充满信心，并形成稳定的职业态度和高尚的职业动机。个体在找到正确的职业认同感，确立符合自己内心真正需要的职业选择以后，其职业使命感将大大增强，个体的职业价值观会变得更加深远而稳定。

4. 阶段性

不同的大学生个体或同一学生在不同的发展阶段，其职业价值观是不一样的。其需求、个性特点和所处的环境不断地发生着变化，使得人的观念在不同的时期随着外在条件的改变而相应转变，人对职业的需求也会发生变化。

大学生的职业价值观并不是固化为某一种状态而一成不变的。在时代变迁、环境改变、人的阅历不断积累之后，与其相关的物质条件和思想观念也会发生变化，职业价值观也在潜移默化地发生渐进式的变化。因此，大学生的职业价值观具有相对的阶段性，在分析大学生的职业价值观时，必须结合特定的时代、社会环境、经济状况等具体要素才能做出确切的界定，脱离了一定阶段来谈职业价值观是毫无意义的。

（三）大学生职业价值观主体特征

1. 大学生职业价值观的维度

大学生职业价值观主要包括内在价值、外在价值、威望价值和社会价值 4 个维度。

（1）内在价值

价值观是人们内心的一种信念，不仅在人的具体社会实践活动中发挥着评价标准的作用，而且能够使人发挥主观能动性，激发人的情感和潜能，引导人们积极参与社会实践，在个体人生观中占有重要地位。职业价值观是职业者职业属性在个体中的内在体现，具体表现在个体对职业、岗位及其性质的认识和评价。在认知的过程中，每个人都构建了独特的价值体系，在价值体系的引导下按照内心的尺度和评价标准来认识世界和改造世界。这种内心尺度与评价标准是从个体内在需要出发，形成职业价值观内部因素，能够测量出职业价值观内在价值。职业价值观的内在价值包括内在价值尺度和自我价值取向两方面的内容。

首先，作为内在价值尺度，职业价值观是个人判断职业及职业行为有无价值或价值量大小的一个标准。每个人都是独立的个体，他们的成长经历、家庭背景、兴趣爱好、性格特点等都是大不相同的，这就导致他们对各种职业或岗位有着不同的主观评价。

其次，职业价值观能够形成个人的价值取向，是个人对职业和职业行为的认可及个性化的倾向，是做出自我评判之后的最终结果，表现为个人对各种职业和岗位是否认同和喜好。成功的职业者会认为自己所从事的职业是一个能充分展示自我的职业，在工作上建立起自我价值的认同感和价值感。尤其对于经验丰富而工作早已驾轻就熟的职业者来说，他们对自己的工作往往具有高度的认同感。

（2）外在价值

所谓外在价值就是职业自身性质之外的某些外在因素所表现出来的状态，如工作环境、同事关系、领导关系及职业变动性等。在中国，很多人在评价职业的外在价值时十分看重同事关系和领导关系这两个外在因素的作用。

长期以来，中国文化强调人际支持、人际和谐的集体主义价值观。人际关系的支持系统对于个人在工作和事业上的成功发挥着基础性作用，与同事和领导保持和谐友好的关系是工作得以顺利推进的前提和基础。社会伦理和公共道德倡导集体主义，它在民族文化体系中处于核心地位，集中反映出人类社会应该提倡什么、反对什么，并由此成为群体意识、人文精神和社会文化的核心内容体现。

（3）威望价值

威望通常是指拥有或处于某种成功、地位和影响的一种状态，它是非物质性的一种精神存在。威望经常与一些词条联系在一起，如荣誉、荣耀、名望、名声、尊重等。威望价值是人们对职业的认识，其间接地反映出职业在人们心目中的地位。

具有威望价值的职业通常在人们心目中所处的地位是中等偏上的，并且受到人们的尊敬，让职业者由此而感到自豪，并体验到一种强烈的感受。威望价值体现在人际交往的关系中，需要他人的承认和尊重。在人们的职业价值观中，自己未来的职业应该是崇高的、受人尊敬的职业。有些职业，其从业人员的素质普遍较高，人员的职业道德良好，机构单位内部的管理有条不紊，这些条件和因素会大大提升该职业的威望价值，使其从业人员受到社会的好评和人们的敬佩。例如，有些学校注意提高教师的整体水平、完善教师管理制度、规范办学条件等，这些都是提升教师职业威望价值的前提条件。

（4）社会价值

社会价值是指作为一名职业者应具有的社会责任感、服务社会的义务和使命，以及对所从事的事业和社会发展所做出的贡献。社会价值的内核就是以自己的能力与智慧，为社会造就和奉献能够满足人们需要、受人们认可的东西。职业者在创造社会价值的同时也在实现自己的个人价值。

在现实世界中，由于各行各业有着不同的特点，发展水平不尽相同，因而不同的职业在工作环境、工作内容、劳动报酬、发展机会及稳定性等方面都存在着较大的差别。无论从事哪种职业，只要在合理、合法的限度内为社会所需要，就都是具有社会价值的。职业者作为社会的一员，肩负着为社会和他人尽义务的责任，所以我们应当将本职工作与服务社会结合起来，在为社会和他人提供产品和服务的同时，也实现自身的社会价值。

2. 大学生职业价值观特征的演变

职业价值观体现了人类生存需要和社会职业属性的关系，是人们对社会职业所进行的一种评价，大学生的择业观念和择业行为，就是他们价值观念的集中表现。大学生职业价值观作为思想意识形态的重要组成部分，具有鲜明的时代特征。近年来随着社会的发展，时代的进步以及市场经济体制的不断深入，大学生职业价值观也发生了巨大转变，主要表现在以下几个方面。

第一，择业途径由“统一分配”向“双向选择”转变，大学生的竞争意识不断增强。计划经济体制下，我国高等教育走的是精英路线，大学生作为国家培养的高素质人才，在就业方面实行的是“国家统一分配”的政策。在这种“统分”政策下，考上大学就意味着毕业后会有一份稳定且福利待遇相当不错的工作，因此，大学生普遍缺乏竞争意识。随着改革开放的深入和社会主义市场经济体制的建立，国家的就业制度发生了转变，“以市场为导向，政府调控与学校推荐相结合，学生与用人单位双向选择”的就业制度逐步确立。随着双向就业模式的确立以及就业形势的日趋严峻，大学生的择业竞争意识逐渐增强。大学生为了在就业市场中获得优势地位，赢得就业单位的好感，已将职业竞争要求的文凭、证书、技能等作为学习的重点。特别是近年来大学生扩招计划的实施使得毕业大学生的数量呈逐年上升趋势，大学生毕业成为社会关注的热点问题。为了解决大学生的就业问题，高校和教育机构纷纷推出各种专业资格考试、研究生考试、国际通行的资格证书考试，面对纷繁复杂的考试，大学生觉得眼花缭乱，不知所措。

第二，择业目标由“关注社会”向“关注个人”转变，大学生在选择职业时自我意识凸显。毕业生的求职行为受多种因素的影响，其中社会的经济环境以及价值观念在择业过程中发挥着难以估量的作用。中华人民共和国成立初期，我国的生产力水平较低，发展生产、保障人民的物质需求成为第一要务。为了在最短时间内恢复生产，国家倡导集体主义和奉献精神，鼓励人们去艰苦的地区。在强大的思想政治工作的影响下，绝大多数高校毕业生怀抱着对祖国和人民无比热爱的情感，服从分配，心甘情愿地到祖国最需要的地方去工作，为国家的发展贡献一份自己的力量，对于他们而言，国家的利益和需要是至高无上的，他们基本上没有择业的自我意识。随着社会主义市场经济体制的确立，市场对高校毕业生择业发挥着越来越重要的作用。实现自我价值，追求个人目标开始影响毕业生择业行为。面对竞争日益激烈和不断完善的就业市场，多数高校毕业生都试图从现有的条件中寻求个人的发展，选择职业首先要考虑发展前景，其次要看施展才华的机会，再次看薪酬福利。

第三，择业标准由“内在精神型”向“外部功利型”转变，大学生择业的功利色彩日益凸显。计划经济体制下，大学生在选择职业时既不看重个人利益，也不会用物质或经济标准来衡量职业的优劣，能否实现个人的理想是大学生择业的首要准则。但是在社会转型，市场经济进一步发展的社会大环境中，大学生的职业价值观变得更加功利和务实，他们将经济利益作为职业选择的标杆，面对纷繁复杂的社会现象往往不知所措，让自己的职业定位追随市场感觉。有些大学毕业生将工作同赚钱等同起来，在选择第一份工作时考虑的是这份工作能够带来多少经济利益，而不是自身的理想和价值能否实现，工作对他们来说只不过是谋生的手段。有关研究表明，当代大学生的就业观以个人发展为目标，以经济利益为导向，带有明显的功利色彩。

第四，在择业取向上由“一元”向“多元”转变，大学生的择业呈多元化趋势。在计划经济体制下，我国的经济成分比较单一，职业的地位和名声是大学生在择业时首要考虑的因素，国家机关、国营大厂和科教文卫是大学生最向往的单位。随着社会经济的发展，20 世纪 90 年代后期，随着我国经济结构转型升级以及利益群体分化，大学生的择业观发生了很大的转变，传统侧重安全感和稳定感的“正统”就业观念受到冲击，曾经被视为可有可无的就业领域反而受到大学生的青睐，大学生择业取向呈现多元化。

不仅如此，传统的“干一行，爱一行”的职业价值观也开始被摒弃，当代大学生已经开始按照自身的发展需求践行“爱一行，干一行”，如果职业无法满足自身的愿望，实现自己的个人价值，他们就会大胆地放弃，重新再选择。

（四）大学生职业价值观特质分析

1. 大学生职业价值观的外围结构

从大学生业价值观理论被提出那天起，社会各界学者就对它进行了广泛的研究，学术界对于大学生职业价值观的作用给予了高度重视，认为它是人价值观形成、人的全面发展的重要影响因素，以及社会主流价值观的重要组成部分，其功能也并不局限于影响人们择业取向，而是更加广泛地辐射着人类和社会发展的许多方面。

（1）大学生职业价值观是大学生整体价值观的重要组成部分

人的价值观是一个内涵丰富的概念，包括很多成分，人们在社会实践中逐渐形成种种价值观念，如某个事物是对人有利的还是有害的，是好的还是坏的，是丑的还是美的，等等，这些具体的价值观念蕴含着具有普遍性且处于稳定状态的深层次内核，我们将其称之为价值观。而人的择业、从业又是对人们生活起着主导性作用的社会活动，大学生在校期间，他的职业价值观从两个方面直接影响着其整体价值观的形成。

一方面，大学生尚处于价值观的形成阶段，受年龄、阅历等因素的制约，他们对于世界、社会乃至自身都没有清晰的认知，无法透过事物的表现掌握事物的规律，而价值观内部的各组成部分是相互影响、相互作用的，职业价值观直接影响并介入其他价值观的塑造。另一方面，大学生职业价值观间接地影响其他价值观的形成。对于个人而言，择业、从业是其一生中最重要的人生选择，也是影响个体成长发展的重要的社会活动，在这种社会活动中处于支配地位的价值观必然与整体价值体系有着一致性，是其整体价值观的重要组成部分。在大学生依据其职业价值观作出相应评判后，他们的职业活动会不可避免地发生改变，这一转变也同时对其他价值的塑造产生反作用。

（2）大学生职业价值观是人的全面发展的重要动力

人的价值追求是一种能够最大化实现自我价值的理想追求，是人全面发展的原动力，以主体力量为表现形式，通过激发个体的潜能，推动个体积极参与社会实践，进而实现自身的价值理想。大学生步入大学的年龄大约在 18～20 岁，处于人生中的青年阶段，职业价值观是这一阶段最重要的价值追求，对于他们人生的全面发展发挥着积极的引导作用。首先，职业价值观对人的实践有着重大的导向作用。大学生向往怎样的生活，就会形成什么样的职业价值追求，为了实现理想中的生活，他们就会向着价值目标前进，职业价值追求犹如灯塔，为人们指出前进的方向。其次，职业价值观是大学生前进的内在动力，职业价值观追求和实现的过程就是大学生不畏艰辛，动用自己所有的力量去实现价值目标的过程，它有力地推动大学生去发展自身，使大学生面对各种艰难困苦，都能迎难而上，克服困难。最后，职业价值观具有调控作用，可以使大学生的各项活动得到统一和协调。

（3）大学生职业价值观是社会发展的价值准绳之一

教育界的专家学者基于不同的研究角度对职业价值观进行多层面、多角度的研究，取得了丰硕的研究成果。宁维卫认为职业价值观属于个性倾向性的范畴，是人们对社会上的各种职业进行衡量和评判的内心尺度，如评估各种职业的优点、意义和重要性。他强调了职业价值观的社会性。大学生职业价值观的形成主要通过两种形式影响着社会的发展。①

首先，大学生职业价值观维系社会劳动分工的均衡与平稳。马克思、恩格斯认为，任何社会活动的顺利开展都离不开社会组织的支持，社会组织科学合理的安排是社会活动实施的前提和基础，而分工便是一种社会组织形式。如果没有分工，人在社会活动中就会处于无序状态，所有活动也无法按照一定形式组织起来，正常的社会活动也就无法顺利开展。职业价值观就是指导人们进行社会分工的价值准绳，虽然职业价值观无法直接地指导人们参与社会实践，但是其会在社会的平稳健康发展中发挥着无可取代的作用。

其次，大学生职业价值观对社会的人文、经济发展起着内在作用。随着高等教育由精英化向大众化转变，特别是大学生扩招计划的实施，大学生的数量逐年增多，大学生作为高素质人才，肩负着社会主义事业持续发展的重任，在数量和知识层面上都是社会重要的组成部分，他们在校期间的思想和舆论会对整个社会的主流价值观产生巨大的影响。毕业后，他们不仅掌握着学术最前沿的专业知识，

① 宁维卫．积极与幸福心理学 [M]. 北京：科学出版社，2018.

同时具有学习新技术、创造新技术的能力，他们对于职业的价值观念，直接影响着自己在工作岗位上的价值，从而维系着社会经济、文化发展的命脉。

2. 大学生职业价值观的内在结构

大学生职业价值观结构是对大学生职业价值观的整体性分析，它的组成受到多方面因素的影响，其中大学生主体职业意识的发展状况和社会背景的职业发展状况是最直接的影响因素。然而，知识经济时代，科学技术的发展速度不断提升，当前大学生意识形态及其所处的社会背景都在发生着改变，导致大学生职业价值观的结构呈现复杂性和可变性的特征。

（1）大学生职业价值观以大学生职业认知状况为基础

职业认知是个体对职业的意义和性质的理解和探索，它的作用在于引导大学生从自身的实际出发对于社会提供的职位进行衡量和评估，以确定该职位是否符合自身的需要。大学生职业认知状况是大学生在择业过程中所作出的推理和决策，这是一段复杂的心理历程，大学生不仅要认识自身，还要探究职业、社会以及与择业有关的事物，经过缜密的思考进而作出决策。大学生职业价值观的产生有赖于职业的认知状况，大学生只有对职业有着清晰且明确的认知，才能产生职业价值观。它主要包括以下几个方面。

首先，大学生在择业过程中，能够借助科学的认知方法和手段，客观并且全面地认识自己，特别是能够清楚地知道自己对于哪些职业有兴趣，擅长什么，拥有哪些特殊的技能。

其次，大学生对于职业的地位、性质和规划有一个大致的了解，并能从客观的角度来分析职业的意义和重要性。

最后，大学生的职业认知在择业时有着显著作用，职业认识水平在职业价值观的塑造和形成中起着主导作用，不同的职业认知水平会产生不同的职业价值观。大学生要想在实现个人价值的过程中推动社会的发展，就必须将个人选择同社会需要有机联系起来，在主观愿望和客观可能间追求和谐统一，正确的价值观是实现上述目标的基础，而客观、全面的自我认知和职业认知则是形成正确的职业价值观的先决条件。

（2）大学生职业价值观以大学生职业理想目标为导向

职业理想是指人们在一定的世界观、人生观和价值观的指导下，对未来职业的向往和追求。职业理想有着丰富的内涵，不仅包括人们对未来想要从事的职业种类、职业方向等方面的追求，还包括他们对自己将来在职业和事业上所取得成就的高度追求与渴望。大学时期是青年学生人生观、价值观形成的关键时期，他们的思想逐渐成熟，对未来有着美好的憧憬，职业思想也在此时孕育。大学生职业理想的设定并不是一件简单的事，首先要权衡各种条件，确定职业目标，然后对职业生涯进行科学合理的规划设计。端正职业理想需要正确处理国家需要和个人需要间的关系，将社会的需求作为择业的出发点和落脚点。当代大学生应将自身理想和社会需要有机结合起来，只有将个人理想和社会的实际需要联系起来，使个人努力与社会需要相结合，才能在社会需要的大背景下，为自己的发展创造空间，施展聪明才智，在社会工作实践中不断提高自己的技能，完善品格，为社会的进步贡献自己的一份力量，最终实现个人的职业理想。

（3）大学生职业价值观以大学生职业评价方式为标准

职业评价是指主体对某项职业的综合认识和价值评价，由多种要素构成，如对某项职业社会意义的评价，对职业社会地位的衡量，对劳动强度及经济报酬的评估，等等。职业评价在择业过程中发挥着重要作用，它不仅影响人们对待工作的态度，而且还关系到人们的职业选择和职业流向。一般来说，人们通常以职业是否在社会中占据重要地位，是否能带来较高的社会地位，是否能带来丰厚的经济回报作为衡量标准，由此有了职业高贵与低贱、好与坏的区别。这种观点并不科学，是对职业的误解。事实上，职业没有高低贵贱之分，只是社会分工的不同，导致不同职业具有不同的功能，从而在劳动强度、智力水平、收入状况等方面形成差别，从而造成人们对职业地位的不同看法和态度。对于大学生来说，他们通常将职业声望作为标准来对职业进行等级划分。市场经济体制下，大学生的职业理想发生了很大的转变，抽象的理想主义已经被摒弃，务实主义成为主流趋势，能否实现自我价值、经济收入及其他个人因素成为大学生的职业价值评价标准，对社会地位与声望等社会性因素的追求日趋下降。功利和个性发展在职业评价中处于支配地位，成为大学生职业价值观中的核心内容。职业评价对大学生职业选择和就业意向具有直接的影响。当代大学生的职业态度及选择，主要是受其职业价值评价及选择标准等因素的直接影响，大学生通过职业评价，理解不同职业的地位与影响力，进而对职业价值观有更进一步的认识。

第二节　大学生职业价值观研究的理论综述

一、大学生职业价值观研究的理论基础概述

大学生职业价值观教育就是使职业的基本价值观和某一职业领域的核心价值理念内化为大学生职业实践规范和依据的过程。对大学生职业价值观教育进行研究，目的在于探讨这一过程的主要环节、影响因素，进而揭示大学生职业价值观教育的发展规律。唯物辩证主义的原理之一为理论对于实践具有能动的反作用。只有在坚实理论的指导下，我们才能准确地把握大学生职业价值观教育的核心特征，运用科学的方式方法解决大学生职业价值观教育过程中出现的问题，进而顺利实现预定的研究目标。具体而言，马克思关于人的本质理论、关于人的全面发展理论和马克思主义青年观，为大学生职业价值观教育的开展提供了理论依据，马克思关于职业选择的理论为大学生职业价值观教育的开展提供了直接依据，西方职业教育择业理论、职业发展理论与职业锚理论为大学生职业价值观教育提供了知识借鉴。

（一）大学生职业价值观教育研究的基本理论

从广义上讲，大学生职业价值观教育研究工作以马克思主义为理论基础，坚持以完整准确的马克思主义作为基本指导思想，是确保对大学生进行的职业价值观教育沿着科学方向发展的基础和前提。具体而言，马克思关于人的本质理论、关于人的全面发展理论以及马克思主义青年观为大学生职业价值观教育研究提供了较为根本的理论支撑。

1. 马克思关于人的本质理论

马克思在总结前人研究成果的基础上，对于人的本质进行了深度的思考，在他看来，社会性是人的本质属性，人和动物的最显著区别就在于人具有社会性，而动物只有本能。在《关于费尔巴哈的提纲》中，他明确指出：“人的本质不是单个人所固有的抽象物。在其现实性上，它是社会一切社会关系的总和。”之后他又发表了《政治经济学批判导言》，该书再次重申了这一主张，强调“人是最名

副其实的政治动物，不仅是一种合群的动物，而且还是只有在社会中才能独立的动物。”①

（1）马克思人本理论的内涵

要想把握的本质及其发展变化，就必须将人现实的社会关系作为切入点，这是马克思关于人的本质理论的最核心的内容，具体来说，主要把握好两个基本方面。

第一，人是自然和社会的双重存在物，具有自然和社会的双重属性。人类与动物最本质的区别是个体的社会属性，人类个体和个体也是存在差异的，这种差异主要取决于个体所属的社会关系以及他们在所属社会关系中所处的地位，与此同时，人类的自然属性并不是孤立存在的，社会属性的在一定程度上影响着自然属性，致使自然属性具有社会属性的色彩。尽管人类的生存和发展有赖于自然界所提供的物质支持，但是人所处的社会环境决定着个体的发展方向，因此人的本质也就不再是个人的自然属性，而是社会属性。对于这一观点，马克思进行了详细的阐述与深刻的说明“个人是什么样的，这取决于他们进行生产的物质条件”②。

第二，人的本质是具体的，并且是随着社会关系的变化而不断发展的。马克思主义的基本原理之一就是运动论，运动是事物的根本特征，马克思认为，恒定不变的事物是不存在的，一切事物都处在不断运动发展过程中，随着生产力的发展，人类的社会关系也在不断地运动和发展。整体而言，从人类诞生之日起截至到现在，人类社会共经历了原始社会、奴隶社会、封建社会、资本主义社会以及社会主义社会五种社会形态，伴随着这些社会形态的不断更迭，社会关系的“总和”也发生了巨大变化。同时，即使在同一种社会形态中，人们之间的社会关系也并不是固定的，而是根据政治制度、经济条件等因素发生这样或那样的变化。正因为如此，人的本质在纵向和横向的对比中，产生着各自不同的表现。在马克思看来，纵观历史，也不过是人的本性在不断变化。

（2）马克思人本理论对职业价值观教育的启示

对大学生进行职业价值观教育，教育者与受教育者都是具有社会意义的人，

① 蔡钊利．马克思主义经典著作导读[M]．西安：陕西人民出版社，2020．

② 文四林．德意志意识形态导读[M]．北京：中国民主法制出版社，2018．

处于各种社会关系网络的交织之中。这就意味着他们在进行社会实践活动的过程中不可避免地受到人的本质及其发展水平的影响和制约。因此，马克思主义关于人的本质理论在大学生职业价值观教育中将扮演指导性角色，起到根本的引导作用。

第一，有助于我们正确认识教育对象。职业价值观教育以人为教育对象。所以，大学生职业价值观教育活动的顺利开展有赖于认识人的本质，把握人的发展规律，科学地了解人思想形成的过程，而人的思想形成是由人的本质决定的，其变化和发展过程也受到了人的本质的制约。因此，学习并掌握人的本质理论对于教育者正确理解教育对象具有重要的指导意义。人的思想在一定的社会关系中形成，并在参与社会实践活动中不断变化，同时受各种社会关系的制约。影响人思想变化的因素是多种多样的，其中政治、经济、文化关系所形成的合力扮演着最重要的角色，发挥着主导作用。随着时代的进步，社会经济持续发展，人们的活动范围日益拓展，人与自然、人与社会乃至人与人之间的关系愈加复杂，人的本质包含的内容及呈现的形态日趋丰富，所有的这一切，为我们准确地把握大学生职业价值观教育对象打下了坚实的理论基础。

第二，有助于我们正确认识职业价值观教育的规律。职业价值观教育归根结底是人的活动，职业价值观教育的顺利开展离不开对于人的本质的正确认识和了解，如果对人类的本质缺乏正确的认识，就无法真正找到打开职业价值观教育的规律之门的钥匙。马克思关于人的本质理论认为人的本质是类本质与个体本质的统一，类本质区别于个体本质中的共性部分，个体本质包含着类本质。虽然个体本质是各不相同的，但是人始终处在社会关系中，作为一个完整的人必然有其共同的本质属性，也就是社会性和实践性。职业价值观教育既有个性又有共性，正因为每个个体都有着独特的个性，职业价值观教育因而也具有特殊性；因为人有着社会性和实践性的共性，所以职业价值观教育也就有了普遍性和规律性。

2．马克思关于人的全面发展理论

（1）马克思关于人的全面发展理论的内涵

马克思关于人的发展理论是我们确定教育方针、教育目的和教育任务与目标的重要理论依据。马克思关于人的全面发展理论是站在人与自然、人与社会和谐发展的高度，指出全面发展的人这一理念有着丰富的内涵，表现在如下方面，首先，一个全面发展的人就是智力得到充分的开发，有着强健的身体；其次，一个全面发展的人能够积极参与社会实践，在生产中能够全面地施展自身的才能；再次，一个全面发展的人在择业时有着很大的自由，能够根据自身的特长、兴趣爱好自由地选择职业，进而成为在各方面有能力的人。总而言之，一个全面发展的人就是精通整个生产系统的人，他们在任何职业中都能取得显著的成就而不至于终身囿于某种职业，在成长的过程中，他们的个性得到彻底解放，自由得以充分发展，各项能力都得到提升，本质得以全面实现。

具体而言，马克思在人的发展范围界定这个问题上进行了详细的阐述，他在社会发展的基础上提出人的发展的概念，指出人的全面发展实际就是个人的发展问题。马克思所指的个人并不是特定的某个人，而是指社会上的每个人。他指出："如果用哲学的观点来考察这种发展，当然就很容易设想，在这些个人中，类或人得到了发展，或者这些个人发展了人。"①

（2）马克思关于人的全面发展理论对大学生职业价值观教育的启示

马克思关于人的全面发展理论为大学生职业价值观教育提供了重要的理论支撑。职业价值观教育开展的最终目的就是实现人的全面发展，而实现人的全面发展又是马克思主义的根本价值和最高理想，二者在目标上是完全一致的。随着社会的进步，人的全面发展逐步得以实现，可以说人的全面发展是社会进步的结果。社会学科的专家学者在衡量社会进步和发展的程度时，通常将人的全面发展作为重要标准。职业价值观教育以现实生活中的职业从业者作为教育对象，始终以其特有的方式关注人的发展和完善，以提高人的素质、促进人的全面发展作为目标和宗旨。

3．马克思主义青年观

（1）马克思经典作家和党的几代领导集体对青年问题的阐述

马克思主义有关青年的理论，是马克思主义的一个重要组成部分。虽然马克思和恩格斯并未就青年问题进行系统而完善的论述，但在马克思主义的形成过程中，共产党在领导青年运动中，把马克思主义基本原理与青年工作实践结合，共同构成了马克思主义青年观。

① 马克思，恩格斯．德意志意识形态[M]．中共中央马克思恩格斯列宁斯大林著作编译局，译．北京：人民出版社，1961．

马克思和恩格斯在创立科学社会主义时，就高度重视青年问题，对于青年健康成长提出了独到见解。青年知识分子是马克思和恩格斯特别关注的群体，这是因为马克思和恩格斯所生活的年代，正处于欧洲资本主义的上升时期，为了更好地为资本主义服务，欧洲国家纷纷建立大学，现代大学制度逐步形成，大学中的学生和教师开始以青年群体的形式登上历史舞台，马克思和恩格斯并不赞成青年群体的种种行为，但是他们对这个青年群体给予了较多关注，特别是他们的生存状况和发展前景。同时，马克思和恩格斯对青年知识分子的成长问题进行了深入研究，特别是他们思想上的进步。马克思、恩格斯认为教育是促进青年成长的有效途径，通过教育，青年可以很快熟悉生产系统，会从现代分工所带来的片面性中解放出来。

（2）马克思主义青年观对大学生职业价值观教育的启示

马克思主义青年观对大学生职业观教育提供了重要的理论支持，主要体现在以下方面。

首先，马克思主义青年观揭示了大学生职业价值观教育的历史取向，明确了其目标和定位，启示我们大学生的健康成长同国家的可持续发展密切相关，我们要站在国家前途和命运的高度开展大学生职业价值观教育。青年是国家的希望，肩负着无产阶级事业稳步发展的使命，大学生作为青年中掌握专业知识和技术的高素质群体，在社会主义革命的建设和发展中起着举足轻重的作用。从人力资源的角度来说，随着国际联系的日益频繁，国家间的竞争越发激烈，而这其中的核心就是人才的竞争，特别是青年人才的竞争，哪个国家拥有高素质的复合型的人才，哪个国家就能在国际竞争中取得优势。我国处于社会主义初级阶段，党中央提出了实现中华民族伟大复兴的愿景，这个重大的历史任务只有聚合全民族的力量，使社会各阶层的劳动者形成合力，共同奋斗才能实现。青年大学生充满活力，富有创造力，是社会主义事业的生力军，是国家和民族的希望与未来。他们具备什么样的职业价值观，能否将自身的价值与社会的发展融合起来，以实现国家的崛起和民族的复兴为己任，极大地影响着社会主义事业发展的步伐。

其次，马克思主义青年观揭示了大学生社会职业价值观教育的着力点，即要尊重大学生的主体需求。知识经济时代背景下的大学生有着与之前大学生最显著的区别，那就是他们的主体意识更加强烈。计划经济体制下，人们强调集体主义，而市场经济体制下，我国的社会经济体系的变革不断深入，欧美等西方文化冲击着中国传统价值观念，大学生的主体意识越发凸显。当代大学生善于独立思考，对于社会中的现象有着独到见解，关注个人发展，追求自我价值的实现。因此，在开展大学生职业观教育时，要充分考虑学生的主体需要，既要强调国家的需要，同时也要兼顾个人成长的需要。

（二）大学生职业价值观教育研究的直接依据

马克思关于职业选择的理论是有关青年职业选择问题的科学理论。这个理论起源于马克思青年时期对职业选择问题进行的深度思考，随着马克思主义理论体系的逐渐形成，从事马克思主义理论研究的专家学者将目光聚焦到该理论，并从多个角度进行阐述，从而使该理论逐渐成熟、完善，从而为大学生职业价值观教育研究提供直接依据。

1．马克思关于职业选择的理论的基本思想

职业选择对于个人的成长和发展有着至关重要的作用，它不仅关系着一个人的人生轨迹，决定着个人未来的发展路径，同时还关系着个人理想的实现和价值的彰显。青年学生处于心理生理逐渐成熟的关键时期，职业的选择对于他们的未来发展有着不可估量的作用，不仅是他们从学校人转变为社会人的标志，而且也是决定他们未来人生道路的关键转折。

关于职业选择问题，马克思发表了《青年在选择职业时的考虑》，该文就职业选择问题进行了深入的研究，探究了为什么择业，如何择业以及如何实现择业选择等问题，阐明了马克思关于职业选择理论的基本思想。①

（1）揭示了自由是青年职业选择的终极目的和职业得以维系的内在生命

马克思认为人和动物具有本质的区别，人能够思考，通过权衡利弊来作出选择。由此可知，马克思借鉴了西方人文主义思想，并将其运用到对职业的思考中，在马克思看来，自由观是职业选择的前提和基础。选择职业就是选择一种生活方式，而任何一种生活方式都应以人为核心，认识到人是自由的存在，从而努力实现个体的自由。自由是人存在的终极目的，也是一切职业得以维系的内在生命，这是马克思对职业思考的基本原则。

---

① 贾玉英．马克思主义经典著作选读[M]．成都：西南交通大学出版社，2018.

（2）揭示了独立、严肃的思考是青年职业选择的方法论原则

马克思倡导自由择业，但是这并不意味着要追求功名利禄，寻求一个让其他人羡慕的职业，而是要求青年在选择职业时要秉持严谨认真的择业态度。青年人由于阅历较浅，对于未来比较迷茫，在择业时经常会遇到困惑，比如部分青年人对自己没有清晰的认知，过高地评估自身的能力，容易在幻想中蒙蔽意识；有的青年有着过强的虚荣心，渴望获取名利，在各种欲念面前容易丧失理智，针对青年择业过程中的种种不良行为，青年马克思进行了尖锐的批评，特别是那些过分追求经济利益，为了获得名利而不择手段的利己主义人生哲学更是他批判的对象。从他的多个论述中可以看出他对于职业选择所持的态度，即如果经过冷静、客观的思考，对于职业的性质、意义等有着清晰的认识，明确未来工作中可能会遇到的困难，但是依然对该职业充满热情，觉得它是最适合我们的工作，那时我们就可以选择它。

2．马克思关于职业选择理论的指导意义

马克思关于职业选择的理论对于我国大学生职业价值观的教育具有积极意义，首先，它对我国大学生职业价值观教育进行了科学的定位，揭示了大学生职业价值观教育的使命；其次，它明确了我国大学生职业价值观教育的目标，对大学生职业价值观教育研究具有指导意义。

（1）为大学生职业价值观教育奠定主体性基础

马克思关于职业选择的理论以人的主体性为基础，在职业选择上对人的主体性提出更高的要求。大学生职业选择倡导发挥大学生的主体性，大学生确定何种人生目的，采用何种态度对待人生以及有着怎样的人生观、价值观正是这种主体性选择的集中体现。由此可知，职业选择与大学生主体的成长发展息息相关，而且只有从大学生主体的角度才能准确认识和理解职业选择的意义和价值。人的主体性体现在三个方面：首先，人具有能动性，能根据自身的需要参与社会实践；其次，人具有自主性，面对困难，能够独立思考；最后，人具有创造性，能够根据已有的经验，研发出新技术。主体性是人区别于动物的显著特征，使人能以主导者和主宰者的身份参与社会实践，使我们的生命活动具有意义和价值。因此，我们说人的主体性创造了人的人生价值。此外，人的主体性还体现在追求自身公共性的实现，而人的公共性则揭示了人的本质属性。大学生在进行职业选择时，

要从人的社会性要求出发，与社会中的人开展互动、交流，在这个过程中，大学生既能对个体的本质有着更加深刻的理解，又能检验大学生主体公共性发挥的程度。理想的职业选择对大学生主体性把握和公共性实现程度有着很高的要求。

（2）坚持个体理想和社会理想的统一

马克思关于职业选择的理论强调青年在选择职业时要坚持个人理想和社会理想的统一。每个社会人都具有个人理想，这是毋庸置疑的。所谓个人理想就是处在一定历史条件下和社会关系中的个体对于未来生活的憧憬和向往，既包含对物质生活的设想，又包括对精神生活的渴望。社会理想则是指应社会阶级、个人或全体社会成员的共同理想，是全体社会成员对未来社会的追求和向往，社会理想由多种要素组成，如经济理想、政治理想、文化理想等。个人理想是生活在社会中的个体对于未来生活的奋斗目标，具体而鲜活；社会理想是将聚合个体的力量为之奋斗的崇高目标，可以满足社会中大多数人的需求，甚至是实现全人类的共同利益。崇高的社会理想可以鼓舞社会成员奋发向上，在引导人们参与未来社会的建设中发挥重要作用。社会理想和个人理想之间是相辅相成、辩证统一的关系。社会理想决定、制约着个人理想。个人作为社会成员的有机体，只有将个人理想融入社会理想中，将个人价值与国家民族的发展有机地结合起来，才有可能实现个人理想。大学生在择业时要对职业和自身进行科学理智的判断，将自己的个人理想与对美好社会的向往与期盼有机地结合起来，进而使个人的理想追求富有人生的价值。另一方面，社会理想包含着个人理想，是由社会中千千万万的个人理想汇聚而成的。所以，社会应该鼓励大学生追求个人理想，为有益于社会发展的个人理想提供条件，使之成为现实。在社会支持的基础上，个人要明确自身的责任，大学生作为社会当中的一名成员，要积极参与社会实践，充分发挥自身的聪明才智，为社会的进步贡献一份自己的力量，这样才能不偏离社会理想的方向，促成社会理想的共同实现。

二、大学生职业价值观的社会认知研究

大学生职业价值观的社会认知层面研究主要指大学生形成职业价值观的过程受到国家、社会等宏观层面因素的影响。

（一）社会经济发展对大学生职业价值观的影响

伴随着改革开放的不断深入，我国的社会主义市场经济体制逐步完善，经济结构的转型升级，引发了社会结构的变迁，与之相对应的是，我国社会的各行各业也都发生了巨大的变革，社会组织形式、大学生就业分配方式以及社会利益群体无一例外地卷入了改革的浪潮中。相较于其他群体，大学生的思维更加活跃，主动意识更强，对于变革也更加敏感。蓬勃发展的互联网技术，使得信息的传播更加便捷，任何微小的变化，大学生都会通过网络第一时间感知得到。社会的变革也对大学生的职业价值观产生深远的影响，使其在职业选择的价值目标、价值取向和评价标准等方面发生改变。

1. 经济体制改革对大学生职业价值观的影响

世界金融危机对于全球经济造成了巨大冲击，世界经济增长形势逐步放缓，我国通过调整产业结构、拉动内需等经济政策，充分发挥市场的杠杆作用，使经济保持持续快速健康的发展态势。面对世界文化的碰撞、交流，我国的思想文化领域也发生了重大变化。经济发展与思想的转变密切相关，任何经济变革过程都不可能是独立发展的，而且势必会引发新旧观念的碰撞以及价值观念的重新定向，可以说是“经济－意识形态”互动的过程。计划经济体制下，人们崇尚集体主义，倡导大一统的价值观，这种价值观对于人们的行为方式和思想意识产生了多重影响。

首先，从社会生活领域来说，大一统价值观崇尚集体利益，遵循集体利益至上的原则。

其次，单一的计划经济体制下，经济的发展依靠行政指令，所有的生产计划由国家统一安排，具有强制性，在这种经济体制下，社会成员普遍存在两种心理，一是服从大局的心理，个人的行为要与集体的行为相一致；二是完全依靠计划，形成了“等、靠、要”的依赖心理。

2. 产业结构调整对大学生职业价值观的影响

社会生产力的不断发展，催生了社会分工，并且随着社会生产力水平的不断提高，社会分工朝着精细化方向发展，衍生了不同的部门和行业，产生了不同的就业群体和从业人员。随着我国城镇化进程的推进，大量的农村劳动力进入城市，同时伴随着产业结构的优化升级，劳动力的就业结构也发生了相应的改变。计划经济体制下，大学生作为高等知识分子，毕业时国家会根据学生的专业统一分配工作，职业岗位具有稳定性和长期性，“铁饭碗”的就业观念深入人心。随着社会主义市场经济的持续深化，就业观念发生了转变，产业结构的调整促使大学生的就业途径、手段日趋多元化，面对日趋激烈的就业竞争，大学生不断寻找适合的职业，进行职业选择已经成为职业活动的一项重要内容。

（二）政治制度变化对大学生职业价值观的影响

中国共产党十一届三中全会作出了把党和国家工作中心转移到经济建设上来、实行改革开放的历史性决策。受国家政策的鼓舞，个人投资或者多人合资的私营企业不断涌现，这些个体工商户、私营企业主形成了新的社会阶层；外资企业的数量逐年上升，在外资企业工作的管理技术人员数量也不断增多，形成了新的社会群体。受多种因素的影响，大学生的职业价值观也发生了彻底的变革，新的大学生职业价值观得以确立。

（三）专业因素对大学生职业价值观的影响

“热门专业”一直都是考生和家长填报志愿时的高频词。许多考生为了毕业后能顺利找到待遇不错的工作，在填报志愿时通常会将专业的发展前景作为首要的考虑因素，忽视甚至否定个人的特长、兴趣爱好。这种择业价值观存在着很多误区，最重要的就是，学生、家长对于“热门专业”的错误解读，即“热门专业”就是好专业，学生毕业后不用担心就业问题，能够很轻松地找到工作。这种观点一方面使得大学生形成思维定式，就读某一“热门专业”代表着将来前途无忧，从而忽略自身素质的培养，不注意学习专业知识和锻炼专业技能，在某种程度上，会给大学生带来很大负面影响。另一方面，也使得“冷门专业”的招生率受到极大影响，导致一些“冷门专业”人才一度比较匮乏，教学资源与教学质量均无法保障，由此恶性循环，以致给专业发展带来冲击。这些现象给大学生职业价值观带来了以下两方面的影响。

1. 专业的热门程度影响大学生的报考志愿

某些学生和家长一味追求“热门”，把它当作高考填志愿选专业时的一个重要依据。最普遍的现象就是在选择专业时只关注专业的发展前景，忽略个体的兴趣、爱好，将未来的发展作为理由，剥夺了学生自我选择的权利，这种做法无论是对大学阶段的学习和发展还是对就业的竞争力都有着深远的影响。

2. 专业所对口的行业发展程度影响大学生的就业选择

大学生在校期间受到的是专业教育，大学毕业后大多只能从自己所学专业知识出发，寻求自己所学专业相关的工作，那么工作的行业因素就间接地影响到大学生的职业价值观的形成。大学生在寻求工作的过程中，如果过分追求专业对口，强调工作的地域范围符合自身的需求，那么必然会对个体的职业选择和发展造成影响，获得职业岗位的机会就会大幅度减少。面对金融危机的冲击，就业的压力陡然增加，大学生应该转变就业观念，运用辩证的眼光来看待职业报酬、社会地位等问题，树立积极的就业观。

三、大学生职业价值观的自我认知研究

大学生职业价值观的自我认知研究主要包括在大学生形成职业价值观的过程中微观层面的影响，包括大学生就业区域选择、志愿填报、家庭成长环境、个人素质能力等方面。

（一）家庭成长环境对大学生职业价值观的影响

家庭对于大学生职业价值观的塑造和形成产生最直接、最原始的影响。个体人生的最初的教育历程起源于家庭，他们人格、观念的形成势必会受到家庭的影响。人生早期接受父母的教导，父母的言谈举止、为人处世必然会烙印在孩子心中，家长的价值观也在潜移默化中影响着孩子。随着年龄的增长，个体在未来的生活学习中会不自觉地展露家庭的价值观。由此可知，家庭环境在大学生职业价值观的确立中发挥着难以估量的作用。

（二）个人能力因素对大学生职业价值观的影响

随着社会主义市场经济体制的不断完善，就业市场日渐成熟，大学生群体在人才市场中的竞争归根结底是其能力和综合素质的竞争。每一种职业都向求职者提出相应的要求，如需要他们具备特定的专业知识，拥有从事该项工作的技能。由此，大学生个人综合素质在其职业选择中扮演着重要角色。比如文字功底比较薄弱的大学生在选择职业时是不会首先考虑文职工作的，而那些理论知识比较扎实，向往更加深层次学习的大学生很可能会在所学专业上继续深造，以求最大限

度地发挥自身的聪明才智。大学生在择业时通常会从自身的能力出发，以能力的强弱作为职业选择的依据，这是一个相当普遍的现象。大学生应当尽量在自己能力允许的范围内寻找合适的工作岗位，从而大大提高就业成功概率。

（三）个性因素对大学生职业价值观的影响

性格和气质作为个性中的稳定因素，在大学生择业过程中发挥着重要作用，主要体现在两方面：一是性格和气质对于大学生的择业选择起着重要作用，二是性格和气质对于大学生能够择业成功有着直接影响。兴趣是最好的老师，在大学生职业选择的过程中，兴趣爱好发挥着不可取代的作用。有关研究表明，自主选择与自己兴趣、爱好相符的职业的劳动者，其在生产实践中的劳动效率要远远高于职业与爱好不相符的劳动者。职业兴趣为职业选择提供强有力的内驱力，激发求职者的劳动积极性，为职业成功奠定基础。因此，对于主体意识活跃、自主性高的大学生群体来说，职业兴趣与职业爱好对其职业价值观的形成会产生深刻的影响。

第二章　大学生职业价值教育质量保障

当代的一部分大学生轻视自己专业所对应的职业，不愿为之付出努力，而又没有寻找到自己愿意为之付出努力的专业和职业，职业设计迷茫，学业生涯为之停滞。对大学生的职业价值进行合理的归类，对其根源进行梳理和分析，继而采取有针对性的措施引导大学生建立正确的职业价值观，将大大促进学生的学习积极性和发展积极性。本章将重点阐述大学生职业价值教育质量保障，共分为五节：积极营造良好的社会氛围、有效发挥家庭教育基础作用、切实发挥学校教育的主导作用、大学生价值个体自我修行、大学生职业价值观机制建设。

第一节　积极营造良好的社会氛围

新时代大学生职业价值观教育要着力于为全面建成社会主义现代化强国培养勇于担当民族复兴大任的大国工匠。社会各界要共同参与到这项庞大的系统工程中来，引导大学生坚定马克思主义职业信仰，树立彰显新时代中国特色社会主义发展特征的职业价值观，在鲜活的社会主义现代化建设实践中展现激扬的青春动能，为实现技能强国而奋勇拼搏。

一、加强全社会营造劳动最光荣意识

根据马克思主义唯物史观，劳动是人类为了改造世界而进行的自觉能动活动，不但可以进行物质财富的生产，而且还可以使人类更幸福，它是实现人类自我解放、全方位进步、获得自由的一个基本途径。劳动是马克思主义哲学中的一个基础概念，也是马克思主义政治经济学的最基本范畴。劳动是推动人类社会进步的根本力量，纵观整个人类历史，我们不难发现，人类社会每一次进步都与劳动有着千丝万缕的联系，劳动最光荣，这是社会主义社会道德风气与价值共识的根本。习近平总书记也曾在 2018 年 9 月召开的全国教育大会中表示：“教育引导学生崇

尚劳动、尊重劳动，懂得劳动最光荣、劳动最崇高、劳动最伟大、劳动最美丽”。① 社会风气，就是在一个特定的时间段，全社会或某一群体争相模仿并盛行的思想、喜好、习惯、传统与行为等。社会风气包括政治生态、道德文化环境和生活方式等多个方面，其作为社会发展与进步的指明灯，对其发展起着一定的促进作用。良好的社会风气有利于弘扬民族精神，有助于促进民族团结，有利于维护社会和谐稳定。

二、营造全民创新创业的良好社会氛围

大学生职业价值观培养是一个发展过程，它是通过外部环境刺激使学生个体进行自我认识和自我反省，最终实现认识、情感、意志、行为的统一。由此，让劳动最光荣成为全社会的共识，发掘并宣传各个行业有突出贡献的劳动模范与先进人物事迹，培养大众建立科学职业价值观，其教育意义是让大学生在耳濡目染中养成科学的职业价值观。这就需要在全社会宣传钟南山、屠呦呦及其他科学家的事迹，呼吁大学生发扬爱国精神、奉献精神和科学精神，树立正确的人生观与价值观，形成健康正确的劳动观与偶像观等，做一个有道德、有才能的现代职业人。

三、牢固树立社会主义核心价值观主导

2014 年 5 月，习近平总书记在北京大学师生座谈会上强调，“青年要自觉践行社会主义核心价值观”。② 社会主义核心价值观，是集聚全体人民为实现中华民族伟大复兴的中国梦而英勇奋斗的价值支撑。职业价值观是社会主义核心价值观下面的一个分支，两者有着密不可分的关系。职业价值观是社会主义核心价值观在职业实践活动中的重要表现，而大学生职业价值观则是社会主义核心价值观在大学生群体中的实际体现。从本质上讲，社会主义核心价值观是大学生树立正确的职业价值观的基本准则与价值支撑，可以指导大学生的择业，规范大学生的从业基本准则，使大学生有更优良的职业目标。

---

① 习近平在全国教育大会上强调 坚持中国特色社会主义教育发展道路 培养德智体美劳全面发展的社会主义建设者和接班人[J]. 党建，2018（10）：4–6.

② 习近平 . 习近平谈治国理政第一卷[M]. 北京：外文出版社，2018.

一是要引导大学生树立建设“富强、民主、文明、和谐”的社会主义现代化强国的伟大职业理想。大学生作为祖国未来的建设者和接班人，其职业价值观不仅关系着自身能否顺利完成学业和走向成功，而且还影响到国家的前途命运。“富强、民主、文明、和谐”是社会主义核心价值观在国家层面的具体展现，还是大众择业最基本的目的。在大学生中培育与践行社会主义核心价值观，需要让大学生建立起正确的职业价值观念，让其有意识地把自身的求职就业、成长成才同国家与民族的发展相结合，把自身价值的实现同为人民服务和为社会主义服务相关联。特别是在目前世界百年不遇的大态势面前，在职业教育助推社会主义现代化强国全面建设奋斗目标的指引下，大学生应该奋发图强，刻苦学习，努力提升自身技术技能，把实现国家富强、民族振兴、人民幸福当成自己的任务和使命，把自身智慧和力量贡献给社会主义现代化建设。把拼搏变成青春最亮丽的风景，勇往直前，使我国建设富强、民主、文明、和谐的社会主义现代化强国的伟大理想得以实现。

二是要引导大学生树立“自由、平等、公正、法治”的坚定职业信仰。“自由、平等、公正、法治”是对美好社会生活的生动诠释。同时，职业生活作为社会生活中不可或缺的一部分，组织相关的职业实践活动不仅在社会层面上体现了社会主义核心价值观，还集中体现了马克思主义关于人的自由而全面发展思想。大学生属于高素质技术技能人才，是未来社会主义现代化建设的主力军，所以我们必须清醒地认识到当前中国特色社会主义已经进入一个崭新发展阶段，践行新发展理念，为谋求越来越好的社会生活出谋划策，贡献自己的力量。用社会主义核心价值观指导大学生进行职业实践活动，指引大学生苦练本领，克服困难，厘清个人择业和技能传承、社会发展三者之间的相互关系，凸显职业教育服务社会的初心及使命。

三是要引导大学生秉承“爱国、敬业、诚信、友善”的职业准则和从业操守。“爱国、敬业、诚信、友善”是公民必须遵守的基本道德规范。体现在职业世界中，它是所有从业者都需要恪守的最基本的职业道德。大学生应该严格遵守社会主义核心价值观以限制自身职业行为，持续增强自身职业精神与操守，自发把爱国主义精神与集体主义精神发扬光大，持续强化社会公德、家庭美德与职业道德建设。同时，高校也应该积极引导学生形成正确的世界观、人生观、价值观。以“爱国、敬业、诚信、友善”为准则，建立新型人际关系，争取做社会主义核心价值观的传播者、拥护者与践行者。

四、大力弘扬工匠、劳模和劳动精神

在2020年11月份召开的全国劳动模范与先进工作者表彰大会中，习近平总书记进一步提出，“劳模精神、劳动精神、工匠精神是以爱国主义为核心的民族精神和以改革创新为核心的时代精神的生动体现，是鼓舞全党全国各族人民风雨无阻、勇敢前进的强大精神动力。”① 这一重要论述，形象地阐释了劳模精神、劳动精神与工匠精神的深层内涵。新时代，培育践行社会主义核心价值观必须大力发扬劳模精神、劳动精神和工匠精神。大力发展现代职业教育，培养知识型、技能型、创新型的劳动者大军，同时我们还应该在社会上倡导工匠精神、劳模精神与劳动精神等职业精神。

工匠精神在劳动者职业价值观中具有重要意义，其中包含着爱岗敬业、精益求精、专注、创新等精神内涵，这些构成了中国制造业向前发展的精神源泉与内在动力。工匠精神的继承和发扬反映着时代发展的需要。改革开放以来，我国经济社会快速转型发展，为工匠精神的传承提供了历史契机。在新的时代背景下，我国面临着产业结构的升级，制造业从低端向中高端发展，5G技术的快速发展，加快了“中国制造”向“中国创造”转型，当务之急就是要在全社会倡导并弘扬工匠精神，展现其在我国产业升级、制造业向高质高量迈进过程中的推动作用。大学生作为未来高素质技术技能人才中最重要的力量，工匠精神就像大学生身上的“精神之钙”，精神上缺钙会导致思想与理性信念摇摆不定，价值观念被扭曲等问题出现。所以，加大力度宣传工匠精神是引领大学生建立科学职业价值观的基本前提。

劳模精神，就是劳动模范在平凡岗位上干出非凡成绩时所秉持的基本信念和价值追求、人生境界，以及所表现出来的总体精神面貌。劳模精神的内涵是“爱岗敬业、争创一流，艰苦奋斗、勇于创新，淡泊名利、甘于奉献”。劳模精神不仅凝聚着工人阶级的集体智慧和力量，更彰显了社会主义制度的优越性，对实现

① 全国劳动模范和先进工作者表彰大会隆重举行 李克强主持 栗战书汪洋赵乐际韩正出席 王沪宁宣读表彰决定[J].思想政治工作研究，2020（12）：4—6.

民族振兴具有重大作用。我国革命、建设、改革所实现的丰功伟绩和各个行业的劳模一直兢兢业业、无私奉献有着密不可分的关系。不管是建党精神、井冈山精神、抗美援朝精神与改革开放精神还是新时代脱贫攻坚精神、抗疫精神，从根本上讲，它们无一不是中华民族与中国人民的伟大创造精神、伟大奋斗精神、伟大团结精神、伟大梦想精神的重要表现形式。因此，我们必须在全社会倡导劳模精神，请劳模走进校园，传播劳模精神，进一步发掘并继承劳模精神，让大学生获得近距离接触劳模、感受劳模并学习劳模的机会，指引大学生树立正确劳动价值观，通过劳动提高自身职业素养，培养精神品质，培育劳动情怀，维持发愤图强的劳动风貌，力求做新时代大国工匠。

劳动精神集中反映了人们对劳动的理念认知与行为实践，凝聚着对劳动的尊重、崇尚与热爱的价值取向。在我国社会主义市场经济高速发展的今天，物质财富快速累积，人的思想观念、道德规范与价值取向同样蒙上一层物质色彩，特别是那些进入社会比较早的大学生，较易出现鄙视劳动的现象和排斥劳动的心理，失去吃苦耐劳精神、艰苦奋斗的优良传统。在此背景下，加强对大学生劳动精神的培养就显得尤为重要。所以，我们应该激发大学生参加劳动实践的积极性，让他们融入社会，把握世情、国情、党情与民情，树立正确的择业观、就业观。加大力度宣传劳动精神，努力创新新时代的劳动教育方式方法，动之以情，晓之以理，让大学生把劳动精神内化为自己的精神、外化为行动，是全社会共同承担的责任。

五、充分发挥媒体正确舆论导向作用

在互联网技术迅猛发展的今天，电脑、手机及其他电子设备已普遍流行，网络已变成当代大学生的生活、学习与社交中不可或缺的一个场域，它在多方面、多层次对大学生成长成才有着重要作用。为广大网民尤其是青年学生创造清正廉洁的网络环境，是整个社会责无旁贷的时代使命。

一是要给大学生创造一个培养职业价值观的优质空间。互联网是人类历史上最伟大的技术成就之一。现代网络已经深入到社会的许多领域，如经济、政治、文化、交往和消费等领域，它在很大程度上改变着人的价值观念与行为方式。网络信息具有更新迭代快、传播范围广、传播形式多、传播内容丰富等特点，受到很多青年学生的热烈欢迎，网络空间也已经逐步变成培育大学生职业价值观的一个不可或缺的空间环境，对于大学生建立科学的职业价值观有着重要的作用。但是互联网具有开放性、适应性及其他特征，这很容易导致青少年职业价值观趋向片面化、简单化、功利化。面对网络时代出现的一些不良现象，我们应高度重视网络对大学生职业价值观带来的冲击。帮助大学生理智地选择职业，是网络新媒体不得不承担的一项社会责任。面对复杂严峻的形势，网络媒体从业人员一定要坚决落实习近平总书记对宣传思想工作提出的重要要求，从源头上整顿网络环境，积极营造良性网络传媒空间，为大学生择业、就业、创业等提供大量信息和素材，使用多种方法、多种途径宣传正确职业价值取向，同整个社会一起，肩负起为祖国为人民培育时代新人这一伟大使命。

二是强化网络媒体有效监管。当前网络媒体高度发达，网络立法工作则显得有些落后。一些网站存在着内容粗俗化、虚假信息泛滥以及恶意炒作等不良倾向。这些不好的现象与社会公德、职业道德严重相悖，更有甚者存在违法违纪的现象。网络空间中求职诈骗、奢侈炫富等现象层出不穷，甚至还出现了敲诈勒索等，这些都严重危及大学生人身财产安全。有的同学着急找工作，在网上找工作常常被骗，也有部分学生崇拜网红，甚至花大价钱去整容和包装自己，幻想着“一夜成名”。为了得到粉丝的关注，获得流量而哗众取宠，轻视勤劳的劳动。所以，强化对网络媒体的有效监督，实现高效监测与筛选网络信息，关停涉嫌非法、色情等内容的求职网站，确保大学生可以良性利用网络进行求职面试，获得宝贵求职信息，坚决与低俗、庸俗、媚俗等现象抗争到最后，按照法律法规加强网络治理，从而给大学生创造良好、健康及绿色的网络空间。

三是合理利用网络媒体的思想政治教育功能，使其发挥最大效用。网络社会对新时代大学生的发展具有重要意义。新时代高校思政教育工作的高质量发展，应结合网络媒体快速传播等优势，以及辐射面广等优点与特色，加大力度宣传社会主义核心价值观，传递社会正能量。必须积极主动地抢占网络思想政治教育高地，紧紧跟随时代发展步伐，探索新的教育内容与方式，增强思想政治教育实用价值与魅力，引领大学生文明上网和理想上网，使其学会分辨是与非、辨别真和假。指引大学生把个人职业价值观念自发纳入社会主流职业价值观念之中，把基本职业规范，如爱国、敬业、诚信和友善等，融于其职业价值观体系之中，合理利用网络精神家园在大学生职业价值观教育方面的作用。

第二节 有效发挥家庭教育基础作用

习近平总书记曾指出，“我们都要重视家庭建设，注重家庭、注重家教、注重家风，紧密结合培育和弘扬社会主义核心价值观，发扬光大中华民族传统家庭美德，促进家庭和睦，促进亲人相亲相爱，促进下一代健康成长”[①]。家庭是组成人类社会最基础的单位，在推动国家发展，传播社会正能量，发扬传统美德等方面起着至关重要的作用。

家庭作为学生个体受教育的主要媒介，对学生教育具有极其重要的意义。家庭教育在大学生接受的教育中占有举足轻重的地位，对学校教育起到填补作用。在以血缘、亲情为核心的中国社会，家长的言传身教，对孩子们的思想品德、价值观念形成有着深远影响。所以，切实使用家庭教育对大学生职业价值观的基础教育作用，指导父母主动扮演教育者角色是非常必要的。

一、建立科学的家校共育机制

家庭教育理念的好坏，直接作用于家庭教育的成效。父母是孩子健康成长的引路人，也是学校教育教学工作开展的重要依托。科学的家庭教育理念，有助于塑造良好的亲子关系，其创造出的是一种和谐与尊重、自由与平等的家庭氛围。在这种家庭氛围下长大的孩子，在校园生活、社会交往等方面，常展现出一种积极向上的人生态度与处事风格。当面临困难时会及时向父母咨询，和父母保持很好的沟通。在对待学业与工作的种种问题上，特别是面临择业就业这样的人生重要抉择的时刻，就显示出很强大的自信心和抗挫折能力。如果家庭教育没有科学教育理念，那么就难以创造一个好的家庭相处模式，孩子和父母之间沟通交流就会不通畅，更有甚者会出现思想冲突，从而对孩子成长造成障碍，影响其科学职业价值观养成。

二、提升大学生家长的自我修养

父母的文化修养与自身素质，是家庭教育质量高低的关键要素。很多大学生

① 习近平在2015年春节团拜会上的讲话[N]. 人民日报，2015—02—18（2）.

家长受教育程度不是很高，这就决定了大学生家长对于孩子的教养方式和教育效果很可能会由于家长受教育程度有限而受到影响。虽然家长的学历、所属行业，不能靠人为意志而改变，但是父母作为家庭教育最主要的执行者，应清楚地认识其对家庭教育的主导作用，有意识地提高自我修养。何期，王伟华和张阳等学者的许多研究表明，父母在行为习惯、交流方式与亲子关系等方面进行改善，能提高家庭教育成效。[①②③] 因此，父母要学会创造一个融洽的家庭环境，深化和孩子之间的感情交流。父母在持续地学习与进步中，给孩子做好榜样示范，使孩子在心理上认同父母，情感上顺从父母，从而增加父母家庭教育话语权。同时，政府与社会应积极担负起家长教育这一重要任务，借助社区资源，打造家长课堂，把家庭教育融入职业教育、社区教育与终身教育体系中，进一步扩大家庭教育对孩子培养的基础性作用。开展家长课堂，对父母进行职业启蒙经验的推广，指导父母重视孩子的职业发展。做父母的也应注意培养孩子吃苦耐劳精神和艰苦奋斗精神，积极引导孩子把其人生价值与职业理想与国家与社会发展相结合，教育孩子勇于承担家庭与社会责任。

三、建立客观理性的职业期望

父母帮助孩子树立理性、客观的职业期望，有助于父母进一步参与到孩子职业规划中。职业期望值太高或者太少，都有可能造成家庭教育的偏差，最终对孩子职业发展产生影响。如果某人的职业不是基于本身的爱好，那么工作热情便难以长久保持，更不能将这个职业当作自身一生的抱负与追求。在当前大学生家庭社会经济地位总体上没有优势的现状下，在我国传统的“学而优则仕”等观念的熏陶下，多数大学生父母对孩子的职业期望偏高。他们期望孩子毕业后可以找到一份体面且不错的工作，把教育成本收回来，跨越现在所处的阶层。但对职业期望太高会使父母过多地干涉孩子的职业选择，不利于孩子对职业的评判选择。因此，做父母的应该理性全面地了解自己的孩子，综合孩子的爱好及专业特长，与

① 何期．大学生职业决策中家庭因素分析及对策[J]. 学术论坛，2008（6）：182—184；189.

② 王伟华，满珊珊，陈丽君．家庭资本对农村中专生职业教育选择影响研究——基于河南省某农业县的调查[J]. 职业技术教育，2013，34（31）：56—62.

③ 张阳．文化资本论视域下家庭对大学生职业价值观作用的实证分析[J]. 中国成人教育，2015（6）：84—88.

孩子站在平等地位进行沟通交流，真正进入其内心，经过长期教育和引导，切实起到家庭教育对个人择业和成长的基础性作用。

四、构建轻松愉悦的家庭氛围

大学生在生理方面已经成年了，他们独立的想法比过去任何时候都要强烈，独立意识提高。他们已经不愿意让家长们将自己视为小孩，轻松愉快的家庭氛围，可以促进家长与孩子之间的互动交流。因此，如何营造轻松愉快的家庭氛围成为做好家庭教育的一个重要环节。首先，父母应该学会聆听孩子说话，不要将个人的思想强加给孩子。这样当他们面对择业、就业等人生大问题时，在他们心灵深处，还是想从家长这里获得真诚忠告。若家长固执己见，对孩子的选择缺乏尊重，不去感知孩子内心世界，则会给孩子的成长带来负面影响。在良好的家庭氛围下，孩子们可以通过与家长之间进行平等的沟通，得到更多择业方面的指导，平静地对待择业时遇到的种种迷茫，理性客观地进行择业。如果操之过急地说教，就只会流于表面，很难得到孩子心中真实的认可。家长唯有站在与孩子平等的地位上与其进行的互动交流，才能够达到教育的目的。家长给孩子一些理性的建议与忠告，并且通过持续很长时间的情感交流，方能润物无声，达到把期待变成孩子们实际成长目标的效果。当孩子在职业选择上遇到困难时，家长应该协助孩子权衡利弊，仔细分析就业形势，发现孩子的专长及优势，指引孩子树立正确职业价值观，努力使其自身理想和社会的发展融为一体，科学择业。在孩子意见和父母意见不合的情况下，父母应用一颗平常心，进一步和孩子进行沟通，同时重点注意孩子成长动态，准备好随时对其伸出援手。并且在家庭生活日常的交往过程中，家长应不断强化对孩子的职业指引，协助孩子确立正确的职业目标，选一个最合适的工作。

第三节　切实发挥学校教育的主导作用

学校教育对于大学生科学职业价值观的树立至关重要。高校应坚持立德树人，基于大学生的身心发展规律，在整个教育教学过程中渗透职业价值观教育，做到全员、全程和全方位育人。

一、大学生职业价值观教育纳入人才培养

人才培养方案，是高校人才培养的总体规划，职业特色突出，行业优势明显。高校职业价值观教育应融入人才培养方案中，和高校人才培养的目标一起部署，一起规划。在进行人才培养时，高校不应该只注重对学生专业知识与技能的教导，却忽略对学生职业道德与职业精神方面的教育。崇高的职业道德品质，是评价高素质技术技能人才的头等要素。

黄炎培老师于20世纪20年代就曾提出，不恰当地选择职业的态度，错误的教育观、职业观就是阻碍职业教育进步的“无形之礁”。① 大学教育是和人们生产生活关系密切的教育类型，它的最高价值追求必须秉持助力学生成人、成才、成业与成功的原则，教会学生如何做人、如何学习、如何处事及如何生存，让学生不仅可以获得生存的能力，而且还拥有良好职业道德、社会公德与家庭美德，使其成长为一名名副其实的新时代大国工匠、能工巧匠。鼓励高校学生在校期间除完成学业考试得到学历证书之外，还可以获得若干职业技能等级证书；培养学生自学意识，激发学生求知欲。让学生牢固掌握专业知识与技能，全方位提高学生逻辑思维能力，增加其自我学习能力，增强其应对能力，从而提高其就业竞争能力，使其成功就业。各高校采用修改人才培养方案的方式，更加阐明了职业价值观教育对大学教育提质培优的重要意义，在人才培养方案中充分融入职业价值观教育，纳入教学计划，同时建立相关考核机制，促进高校职业价值观教育深入人心，真正做到大学生价值引领。

为了扭转高校传统课程体系中“重技能轻德育”现象，真正做到把职业价值观教育渗透于人才培养目标，课程体系和课程标准，以及教学过程的各个环节，等等，可以从以下几个方面着手。一是在专业人才培养的目标中除融入工匠精神之外，还应增加职业道德和核心价值观教育，让职业价值观教育有规律可遵循。二是在课程体系设计中加入关于企业文化的内容。企业是高校社会服务的对象，把校企合作、企业文化导入课程体系，学校根据不同专业，与不同合作企业对接，推行特色化人才培养方案，充分体现企业发展理念与发展文化，使学校教育与企业培养无缝接轨。三是在课堂教学中有机地融入职业价值观教育，贴近教师和教

① 黄炎培．职业教育之礁[J]. 教育与职业，1923（1）：1–3.

材、教案及其他关键要素，把职业价值教育贯穿于各个教学环节之中，增强专业课对职业价值观培育的作用。

二、大学生职业价值观培养融入课堂教学

在学校进行教育活动时，课程处于核心地位，对大学生进行职业价值观教育，主阵地还是课堂。高校应紧紧围绕课堂教学这一关键要素展开学生教育，将工匠精神与职业素养植入并渗透于教学过程，把职业价值观教育真正做好做实。

（一）强化课程思政，将职业价值观教育纳入专业课教学

专业课是指学校按照培养目标，对学生进行专业知识与专门技能传授的课程，它旨在培养学生综合分析与解决现实问题的能力。

一是专业课重点对学生进行全面、系统的教学，使其掌握该专业群科学的理论与知识体系，教学目的在于对学生进行思维能力训练、学习与创新能力培育。使用向学生灌输书本知识与专业理论的方法，实现培养学生从业基本素质的目标。并且良好的专业素养与综合素质，是使大学生求职应聘时自信增加和就业竞争力提高的关键。李玮等以大学生职业价值观和学习成绩为研究对象做了专门的探索，研究结果表明，学习成绩愈好的学生愈有自信心。这在一定程度上表明，学生学习成绩的好坏，深刻影响着学生今后对事业的理想与期望。[①] 所以，提升专业课学习效果，可助力大学生建立科学职业价值观。在当前形势下，应大力加强职业价值观教育。高校应利用职业教育在办学方面的优势，寓职业价值观教育于知识技能传授之中。

二是专业课堂应该是对大学生进行职业价值观教育的主阵地与核心方式。高校所设专业课教学有诸多优点，如可进行小规模教学，拥有较强的专业，与行业发展密切相关，与大学生今后就业前景及职业生涯发展具有较高的相关度，等等，所以更易被学生重点关注。教育者应充分发挥专业课育人功能，挖掘专业课所包含的思政元素，主动创造具有独特大学教育特点的新型教学模式。使用对企业进行大量调查、回访毕业生和沟通兄弟院校等方式，结合当地经济发展的特色与优

① 李玮，刘晓英，曾滟棱等．中医药类大学生职业价值观与学习成绩的分析研究[J]. 中国高等医学教育，2017（5）：14—15；20.

势，探索职业和专业、职业和课程的内在联系。对职业岗位进行分析，与企业人员一起探讨课程建设、教学设计等，除对学生进行必要理论知识与专业技能教学之外，更应该重视学生思想品质教育，职业道德教育等方面。在课堂教学中导入现实企业情境，把鲜活的企业案例融入课堂教学，师生双方一边教、一边学习、一边动手，最终一起完成教学任务，形成良好职业氛围，在对学生进行技能培养的同时，引领其形成职业精神。让课程思政和思政课程互为补充、隐显融合、同中有异，全员、全过程、全方面地对学生进行职业价值观引导。

（二）将职业价值观教育融入实训教学

实训课程作为高校教学内容中的特色，应该以就业为导向，突出技能训练与职业道德教育并重。实训课程可以分为多种类型，根据不同种类，可以将实训课程分为三种：校内实训课程、校外实训课程与顶岗实习课程。最近几年，各高校都在积极探索校企合作新模式，寻找工学结合新思路新方法，加大校内外实训设备的投资，加大人员的投入，使用厂中校和校中厂等方式，建设大量覆盖全面、功能齐全、设备先进、对外开放的共享型实训基地以适应学生实训需要。让大一大二学生进行校内外实训，让即将毕业的学生进行顶岗实习，通过这种方法指导学生模仿和预演将来真实职业角色，加强实训课与顶岗实习课程对学生职业认知的培养，在课程中进一步融入职业道德、职业意志与从业情感等教育，让职业价值观的教育和基础理论的研究、技术技能的提高与实践操作环节实现无缝衔接，使大学生能够在实际操作中不断修正自己的职业价值取向，以使其成功构建科学职业价值观。虽然目前许多高校都已经开设了校内实训课程，但学生对其实施情况满意度比较低。麦可思研究院对大学毕业生进行的一项调查表明，40 % 大学毕业生不是很满意母校所提供的实习与实训课程。[①] 由此可见，目前的校内实训课程还存在着许多问题，还需要不断进行改进。高校应该好好反省，探寻实训课程的革新与开发，以适应学生职业体验需要，使其可以在教室和实训室等校内场所就能体会到现实中的职业环境。

作为校内实训课程拓展的校外实训基地，为高校学生实训搭建起一个更大的平台，从而实现了大学生接近真实职业生活的想法。同时，校外实训基地也能够

---

① 麦可思研究院．就业蓝皮书：2014 年中国大学生就业报告 [M]. 北京：社会科学文献出版社，2014.

培养出具有一定实践动手能力的毕业生。置身仿真模拟实训情境，大学生就仿佛真的进入公司工作，进行真正职业活动，借此来不断增加自身专业能力，提升自身实操水平，提高自身综合素养。因此，学校要重视校外实训基地的建设。各高校也可合理利用订单班合作企业，将其作为校外实训基地，给同学们提供一个更深入认识并适应以后工作单位的机会，使其能够迅速实现由学生向现代职业人的身份转变。根据大学教育的教学计划，高校学生将于第五学期开始上顶岗实习课程，该课程属于高校学生的必修课，其实质上是一门综合性实训课程，是考察高校学生职业岗位能力高低的一个必要环节。经过两年理论知识的学习，大学生已具备一些专业知识与技能，之后将要开始集中进入顶岗实习课程阶段。高校和企业共同完成学生顶岗实习期间的教学管理工作。经过较长时间的顶岗实习，高校学生不仅能够对企业生产流程有一个全面的认识，还能对行业新知识和新技术有一个系统的理解，除此之外还能懂得企业的一些具体生产流程，如组织的管理，设备的操作，等等；能够深入理解企业在用人标准、管理制度、员工培训等方面的规范及流程，从而进一步增强就业竞争力。在顶岗实习的这一段时间，无论是大学生的专业知识，还是其生产技能，都将有质的飞跃；随着大学生工作经历的不断增加，社会经验不断积累，他们又给顶岗实习的企业带来了一股新鲜的动力。高校应定期派遣业务能力较强的老师到实习单位指导学生，同时让学生在固定的时间交实习的周记，在毕业之前做好顶岗实习的总结报告及毕业设计。在学生顶岗实习期间，其职业价值观已逐步发育成熟，趋于稳定，这对其未来职业生涯发展有着举足轻重的影响。

（三）职业价值观教育要贯穿思想政治理论课的始终

习近平总书记在全国高校思想政治工作会议上指出，要“提升思想政治教育亲和力和针对性，满足学生成长发展需求和期待”①。这对大学生思想政治教育提出了更高要求。习近平总书记关于新时代高校讲好思想政治理论课的观点，是行动指南，也是价值遵循。高校思想政治理论课的教学应始终遵循习近平新时代中国特色社会主义思想，全面执行党的教育方针，将职业价值观教育贯穿于思想政治教育的每一个教学环节之中。

① 吴晶，胡浩．习近平在全国高校思想政治工作会议上强调 把思想政治工作贯穿教育教学全过程 开创我国高等教育事业发展新局面[J]. 中国高等教育，2016 (24)：5–7.

第一，把职业价值观教育融入世界观、人生观、价值观教育。在信息社会进一步发展的今天，大学生获得知识与信息的途径更加多样，能触及的价值观越来越多元化，尽管如此，思想政治理论课还是培养大学生的世界观、人生观、价值观的主要途径。相较于其他信息传播渠道，思想政治理论课在很多方面，如其系统性、针对性以及集中性等，都有着其特有的优势。所以，思想政治理论课教师应清醒地认识到自己担负的育人使命与时代重任，知道在对学生进行职业价值观教育时，思想政治理论课所具有的重要意义。进一步探索思想政治理论课教育教学新方法，改变传统的灌输理论，使其课堂变得生动、活泼、火爆，让学生切实参与课堂学习；进行实践教学，如对企业进行调查，案例讨论等，使学生实际应用能力与综合素质得到持续提升；做到职业价值观教育和学生的思想道德素质教育同时并举。目前，大学生就业压力增大，而思想政治理论课又是引导大学生树立正确价值观念、形成良好品德修养、培养合格公民的主阵地。高校思想政治理论课教学应适应高校“技能型人才”培养目标之需，同时适应大学生“技能型劳动者”发展之需，助力高校学生形成正确人生观和价值观、道德观与法治观，重视高校学生职业道德教育，让思想政治理论课变成实实在在帮助高校学生人生出彩的课程，成为受大学生欢迎的一门课。

第二，在具体教学内容中融入职业价值观教育。高校开设的思想政治理论课程主要有三门：《毛泽东思想和中国特色社会主义理论体系概论》《思想道德与法治》和《形势与政策》，在这三门课当中可以融入职业价值观教育内容。立足高校教育面向就业的人才培养目标，高校思想政治理论课教学内容应彰显职业性，不应只培养有技术技能的“工具人”，而是还要集中力量培养德、智、体、美、劳全方面发展的现代化职业人。《思想道德与法治》作为高校学生入学后的首门政治理论课程，它将培养高校学生良好思想道德素质与法治素养当作教学目标，在助力新生扣好人生第一粒扣子，建立科学世界观、人生观与价值观，继而塑造正确的职业价值观方面，显得尤为重要。该课程在第五章专门介绍了职业道德中的诚实守信和爱岗敬业等内容，是教育中最生动的材料；在剩下的篇章里，有关人生的价值、理想信念为什么重要、个人理想和社会理想之间的关系等诸如此类的教学内容，对大学生树立科学职业价值观也是大有裨益的。《毛泽东思想和中国特色社会主义理论体系概论》这门课程，其教学目的就是帮大学生理解和把握马克思主义中国化这一伟大理论成果产生的来龙去脉、主要内容和时代价值等，对提升大学生对“四个自信”的认同感，坚定中国特色社会主义理想信念，有着重要的现实指导意义。进行实际教学时，老师在讲授社会主义分配制度的改革、如何妥善处理社会矛盾、努力实现中国梦等诸如此类的教学内容的过程中，可引入高校毕业生分配制度由统包分配到按需分配再到双向选择、自主择业等方面的转变，引导高校学生把个人理想纳入实现中华民族伟大复兴中国梦的社会理想中去，有助于高校学生建立起为了祖国、民族和人民而努力拼搏的职业价值观。《形势与政策》这门课程的教学内容更应该体现时代性和时事性。

三、大学生职业价值观引导嵌入第二课堂

由于大学的学制比较短，课堂教学的任务繁重，教学时间不够，因此应发挥第二课堂的拓展延伸作用，弥补第一课堂缺失。通过组织形式多样的校园文化活动，汇聚专业风采技能大赛，开展多种形式社会实践项目，可以使大学生受教育的途径更加宽广、更加灵活、更加通达，有助于大学生的自我塑造和自我突破，使其可持续发展的能力持续增强。

高校应该把所有可用的资源整合起来，以岗位核心能力与职业素养为核心，对校园文化活动进行合理安排与统一部署，有的放矢地开展职业道德培养、职业价值观内化、职业自信心提高等一系列活动。按照大学生职业认知，遵从大学生身心发展规律，使全程化教育有计划、有安排、有步骤、有落实地进行。从高校到社会都应该关注大学生职业价值观教育问题。大学生的职业价值观处于一个不断变化的状态，具有明显的阶段性，受大学生所处的年级、性别差异的影响，其职业价值观会呈现出明显的差异性，所以，高校需要进行阶段性和个性化的职业价值观教育，以适应各学生群体多元性发展需要。

第四节　大学生价值个体自我修行

一、正确的职业价值

价值认知作为职业价值观得以形成和发展的根基，对大学生职业价值观发展趋向与水平产生了不同程度的影响。

（一）强化大学生对所学专业的认知

帮助大学生养成科学的职业价值观，应指导大学生深刻理解专业课程设置情况，以及每门课程的教学目标与主要教学内容，使用班导师、学长伴学等多种形式，将专业有关就业岗位的设置情况及其他信息传达给学员，进而使大学生切实感受到职业教育在实现中华民族伟大复兴的中国梦过程中所体现的价值与使命，明确产业工人是推动经济发展、增进人民幸福必不可少的重要组成部分。本着这样的使命感，大学生才可以真正了解其所学专业，然后爱上所学专业，进而持续提升巩固自身技能和能力，为当好技术人才打下基础，使其可以在今后工作中大放异彩，继而给国家，给人民创造出更加丰富的物质产品与精神财富。

（二）强化大学生对自我的认知

在实际职业世界中，大学生往往存在着职业期望和择业行为之间发生偏离与冲突的现象。然而造成这一现象的原因有很多，但其根本原因还是大学生对于自己的认识和理解不够充分。部分同学择业时，不能正确地认识自身能力与品质，没有思考国家及社会需要和个人事业发展是否融合，过分重视短期收益，或者倾向于参照周边同学做法而择业。此外，还有一部分学生由于没有掌握科学的择业观，盲目追求所谓的高收入，从而导致就业困难甚至失业。大学生总体上缺少系统可行的职业规划，在进行职业选择的时候，对自身与职位匹配度的分析相对较少。有不少大学生存在着盲目从众、盲目攀比等不良心态。许多大学生都不愿下基层，从做一名普通劳动者开始，但又希望拥有较高的薪资待遇和较好的工作福利，因而在找工作时一再碰壁，求职意愿脱离了社会需求，产生了“有业不就”和“无业可就”并存的局面，处境窘迫。针对这种情况，高校可以对大学生进行专业的职业测评和心理疏导，以此来让大学生对自身性格类型和职业兴趣爱好有一个清楚的认识，从而使其塑造理性的自我认知，然后理性选择职业。

二、深厚的职业情怀

情感，是人认知事物的中介。因此，在高校教育中，加强学生职业情感培养、提高其职业价值观水平至关重要。“没有人的情感，就从来没有也不可能有人对于真理的追求”①。

（一）增强大学生的职业荣誉感

职业荣誉感，主要表现为劳动者或匠人通过职业实践所获得的成就感、满足感与获得感。它是人们对自己所从事职业的一种肯定与追求，让其每当想到自己所从事的职业可以给社会带来更多的财富时，便会发自内心地开心与骄傲。但是，前面所提到的职业荣誉感并非是可以自发形成的，而是要经过专门的教育引导，才能达成。这需要高校在培养学生的职业荣誉感上持续发力。因此，在高校中开展职业荣誉感培育活动是非常必要的。通过宣扬大国工匠、时代楷模和其他先进模范事迹，使学生接近模范，倾听模范事迹，这样既可以助力大学生形成正确偶像观、劳动观与择业观，又有利于大学生建立起对职业教育的强烈自信心与自豪感，使其形成较强的从业意愿，同时使其对自身未来发展产生希望，希望自身以后也能发展成在行业内颇有影响的大国工匠。

（二）提升大学生的职业幸福感

职业幸福感是衡量个人职业满意度高低的一个重要准则。当前大学生群体普遍存在这些问题：专业认知度较低，职业规划不够清晰，等等，针对这些问题，高校应加大教学改革力度，进一步探索实践教学新途径，强化学生主体意识，唤起学生对所学专业的热情，使其牢固树立职业信仰，帮助学生做好职业规划，进而提高学生职业幸福感。在大学生从内心深度对所学习的专业或者是将来要从事的工作有了较强的认同感之后，势必会下一番功夫，努力把专业知识学好，并且会在今后的工作中施展娴熟的技能，获得同事的尊敬与肯定。唯有如此，大学生

---

① 列宁．列宁全集（第 20 卷）[M]．中共中央马克思恩格斯列宁斯大林著作编译局，译．北京：人民出版社，1963．

才有可能通过职业实践感到幸福，创造社会价值，实现自我价值。选择最合适的事业，是人生的价值追求，也是职业理想，能最大程度上做到“自我的发展”和“全人类的幸福”相统一。

（三）提高大学生的职业归属感

所谓职业归属感，就是一个人对于自己从事的工作所呈现出来的一种比较稳定的从业态度与经历。对大学生这个群体而言，职业归属感所指的就是大学生在认知、感情以及行为等维度上，对所学学科的认同，愿在与本专业有关的行业和岗位上工作，能正确对待专业学习上遇到的种种难题，同时能够积极主动地去寻求各种方法，以解决这些难题。对高校而言，应强化学生职业价值观教育，让大学生可以理性地面对人们在职业教育中存在的认识偏差，明确职业教育对国家发展战略的意义，使学生树立科学职业价值观，提高对专业技术岗位和技能岗位的归属感。

三、坚定的职业信念

职业意志，就是人在职业实践过程中所表现出的不怕困难、不怕危险的毅力与精神，它是从职业认知向职业行为转化的动因。而大学生职业意志表现为其在普通劳动岗位上工作，为了工匠事业鞠躬尽瘁，即使身处艰苦环境依然坚韧不拔工作的基层劳动意志。高校要积极启发大学生养成强烈的职业意志，使其即使在基层劳动岗位上也有足够的工作自信。

（一）引导大学生磨炼职业意志

劳动教育在高校育人中具有重要意义，它是培育大学生形成科学劳动价值观，产生良好职业行为，养成劳动好习惯的十分有用的途径，而且这就要求高校应该向学生提供多种形式、内容充实的劳动教育。那么该如何实现呢？高校可以从以下几方面着手：一是把劳动教育和专业教育结合起来。在高校中，教学工作是以职业活动为中心的。所以高校教育应以劳动教育为中心来开展课堂教学活动。同时，还应该把劳动教育渗透到专业课的教学内容当中。把劳动知识传授，劳动技能锻炼和专业课程教学三者有机地结合在一起，强调劳动教育在技术技能方面的作用，有助于大学生在进行专业学习时树立正确劳动观。二是把劳动教育和实训课程结合起来。实训课在高校教育中具有鲜明特色，主要是为了考查大学生所获得的知识与技能的掌握程度。把劳动教育和实训课结合起来，使学生在实操中加强动手能力的培养，训练学生吃苦耐劳精神、爱岗敬业精神以及其他职业精神。三是把劳动教育和日常管理有机结合起来，使其渗透于生活实际之中。当前，大学生多为独生子女，在家里靠家长照料生活起居，进入大学后，自我约束能力较差，部分学生宿舍的卫生状况令人担忧。把劳动教育和日常管理有机结合起来，让大学生参与教室、宿舍以及实训车间卫生的整理打扫，参与垃圾分类工作、校园绿化和其他生产劳动活动，从而使大学生形成尊重劳动、热爱劳动等价值观念，在劳动中感到幸福，获得成就感，学会尊重他人及他人劳动成果。同时引导学生从生活细节做起，培养勤俭节约习惯，增强责任感和使命感。同时还可以组织劳动之星的评选活动，以调动大学生劳动积极性，使其确立正确劳动价值观等。

（二）引导大学生提升职业信念

职业信念，是指一个人在其职业生涯中所表现出的对于自己所选择的职业所持有的一种坚定从业的态度与观点。职业信念直接决定着一个人是否愿意从事该行业并做出相应努力。唯有建立坚定的职业信念，个人才能够不惧职业发展的种种困难和险阻而奋勇前进，从而成就理想事业。中华民族的工匠传统贯穿古今、源远流长，精益求精的工匠精神更是深藏于人民的基因中。在古代社会，我们有鲁班、庖丁等多位具有深远影响的工匠；现在，中国航天科技集团的首席技能专家高凤林，中国工程物理研究院“90后”高级技师陈行行等新星冉冉升起，成为新时代大国工匠。当代大学生作为国家建设的中坚力量，应将大国工匠精神融入自的学习历程之中。高校应发挥大国工匠的榜样力量，引领大学生坚定自身职业信念。高校还可以有计划地组织同学走访名人故居、参观博物馆、实地考察知名企业等，使大学生亲身感受到爱国工匠的敬业乐群、守正创新等职业精神，感悟大国工匠在国家成长、百姓快乐上所做的奉献，体会他们所展现出来的吃苦耐劳、爱岗敬业精神，从而坚定自身为国为民奋斗终身的职业理想。大学生是新时期产业工人未来的中坚力量，应该时刻关注着祖国的发展，民族的进步，不断提升在基层劳动岗位上工作的责任心、使命感，做到勤思考、多钻研、吃苦耐劳，以技巧打造精彩人生。

第五节　大学生职业价值观机制建设

所谓机制，就是为达到系统目的而实行的特定操作模式。唯有建立健全职业价值观教育的保障机制，才可以确保此项工作长时间有效地进行，连续地进行，才能真正为大学生科学职业价值观的塑造提供助力。

一、制度与组织保障

制度和组织保障机制的构建，为实现大学生职业价值观的科学化教育、规范化发展提供了根本保障。建立完善高校职业价值观的教育和保障机制包括以下三步。

第一步，必须要做一个完整的顶层设计。作为一名高校的领导者，要深刻认识到这一工作的重要性，进一步完善顶层设计，由校党委统一领导，主管校领导作为总设计师、总负责人，让有关职能部门协同配合，以保证大学生的职业价值观教育能够责任到部门和人，从而形成统一领导和协同配合的好局面，以及精准实施的好模式。

第二步，不同职能部门的分工要明确，且要相互配合。教务处、团委及就业指导工作处等作为一级管理机构，应切实发挥其服务功能，为职业价值观教育提供平台与服务，保障全员都可以参与。比如，就业指导中心要集教育、管理、服务及其他责任于一身，对大学生进行有关职业辅导和答疑，这就需要就业指导中心密切关注就业趋势，搜集学校所设专业的有关就业信息，对即将毕业的学生进行岗位测评，给教学单位进行职业价值观教育提供借鉴和启发。

第三步，教学单位应积极进行独具特色的职业价值观教育。学校应以教学单位为具体实施部门，开展职业价值观教育，坚决落实学校思想政治教育的方针、政策，把大学生职业价值观教育与职业精神培育融入整个教育教学过程中，同时加强对学生的职业道德素养教育。依照各专业特色，深入挖掘课程思政的内涵，创造独一无二的金牌课程，使大学生的职业精神在进行专业学习的时候被影响。基于此，根据学院的特点设置第二课堂，使每个大学生都可以参与职业价值观的教育活动。邀请优秀专业任课教师、校友及其他专家担任学校内外班的导师，将班级或寝室作为一个小组，进行职业团体活动，经常举办有关职业演讲、沙龙，组织校外访问等活动，从而实现课内课外、校内校外联动。

二、师资队伍保障

高校校园是大学生进行学习和生活活动的主要场所，大学生同学之间的互动，还有大学生和老师之间的沟通，都比大学生与家长之间的交流更为紧密。为了充分利用人际交往对职业价值观教育的重要价值，可以通过建设多维度、宽渠道、全覆盖、立体式校园人际交互平台的方式，为大学生职业价值观教育工作提供重要的人才队伍保障。

充分发挥辅导员对大学生职业价值观的教育引导作用。辅导员是大学生成长成才的引路人和知心朋友，是开展大学生价值观教育的中坚力量。辅导员是与大学生接触最为密切、最为频繁的教师群体。要想充分发挥辅导员队伍在大学生职业价值观教育中的作用，就要积极构建大学生职业生涯发展跟踪体系。辅导员要深入学生宿舍、教室、实训车间，多与学生谈心。在对学生进行学业指导和心理辅导的同时，还要引导学生树立积极乐观的人生态度，及早做好职业生涯规划。

充分发挥校友对大学生职业价值观的教育引导作用。校友是学校社会声誉的代言人，也是学校向社会展示育人效果和教学质量的名片。充分利用校友资源开展在校生的职业精神和职业价值观培养，是大学思想政治教育的重要方式。大学要建立校友信息资源库，邀请优秀校友参加学校重大节日、重大仪式，定期回母校与在校生分享职场经历，发挥校友的榜样示范作用，加强在校生与校友的情感交流和心灵沟通，搭建在校生、母校、校友、企业之间的互动平台，通过优秀校友的真实案例激发大学生的从业情怀和择业自信。

第三章　大学生职业发展必要准备

大学时期是人生的重要转折点，是每位学子成长、成才、成功的必经之路。步入大学并不代表已经预定了工作岗位，它只是为每位学生提供平等的就业机会。如何提高大学生的职业竞争能力，让大学生赢在起跑线上，已经成为社会特别是高等教育的一个重点与热点问题。本章以大学生职业发展必要准备为主题，从四个角度进行论述，分别为知识储备、能力准备、职业素质、心理准备。

第一节　知识储备

一、自我认知

我们可以根据自己所熟知的人的经历来思考这样一个问题，有的人在他自己和大家看来可以或本应该在事业上获得成功，但事与愿违。分析其原因，主要是他对自己没有一个正确的了解和认识，将才干用错了地方。相反，那些成就大业者，往往不仅发现了自己的长处，并且还懂得善于利用和发挥自己的长处。诺贝尔奖获得者毫无疑问是那些有卓越建树的人，总结他们的成功之道，我们可以发现这些人不仅具有智慧和勤奋的优点，而且他们还抓住了职业生涯规划这一重点，充分分析自身优势，在此基础上确定终身职业。

成功者的成功实践表明：就职业生涯规划而言，如果我们能够依据自己的强项来择业，并且“顺应潮流”，把我们的强项充分发挥出来，则事半功倍；相反，若一味强调短处而不考虑优点，则可能事与愿违。这是因为才干是决定成败的关键因素之一，才干一经定型，就难以更改。每个人都会有一定的天赋和特长，这就决定了每个人所能发挥出的作用也不同。而优势，通俗来讲就是一个人生下来就能把事情干得比别人好。每一个大学生应了解自己有哪些长处，使人生、工作、事业的发展始终围绕这些长处进行，只有这样才能取得成功。

对大学生而言，理想的职业应该是一份既符合本人的兴趣，又满足自己其他方面要求的工作，而这一理想的工作，也必须是适合自己才能的工作。因此，要想选择理想的工作，首先必须认识自己的职业需求、职业兴趣、职业能力、职业气质、性格特征及潜能等内容。

现实生活中，受外在环境的限制和个人能力的制约，不是每个人都能如愿以偿找到完美工作的。事实上，大多数人都从事着不够完美的工作，而不够完美的工作往往引发了人们一些负面的情绪。比如，当对自己的工作缺乏兴趣的时候，人们就会感到厌倦，无精打采，空虚无聊。当工作能力不足的时候，人们就会感到焦虑，失眠易怒。当工作无法带来我们想要的价值的时候，人们就会感到失落，缺乏动力，自卑抱怨。

在大学中的专业学习也是一样，不喜欢的专业容易让人感到厌倦，学不好专业会让人感到焦虑，学好了专业却得不到自己想要的价值会让人感到失落。这时大学生可以通过自测负面情绪的强弱程度，来了解工作或专业中的主要问题在哪里。那么，解决负面情绪的策略有哪些？

厌倦情绪的对策（提升兴趣）：提高工作或专业的挑战。有一种厌倦叫缺乏挑战，如果适度提高工作或专业的目标、增加一些挑战，会提升兴趣；找一个有兴趣的方向来补偿。如果我们对工作或专业即使提高挑战也没有兴趣，那么可以换一个有兴趣的方向来补偿原有工作或专业带来的厌倦。工作或专业不太有意思，那么就让业余生活丰富有趣些；把业余爱好转化为一种职业。这取决于对业余爱好的投入所产生的能力是否为企业所需。只要业余爱好能够培养成为企业所需要的能力，就会成为一种职业，从而实现职业的转变。

焦虑情绪的对策（提升能力）：减少工作或专业的目标，目标太多，而精力、时间、能力有限，就会产生压力，导致焦虑；把大目标细分成为小目标，“一口吃成个胖子”很难，但一口一口吃，难度就小多了。所以，分解大目标为当下能力可以掌控的小目标，一个接一个地实现，然后通过日积月累完成大目标，可以降低焦虑；寻求合作，利用自己的资源，把自己不擅长的部分外包给擅长的合作者；增加能力。能力与压力成反比，一样的任务，能力增加了，压力自然减少，焦虑也随之减轻，正所谓“手里有粮，心里不慌”。

失落情绪的对策（提升价值）：创造价值，有时候失落来自于能力不足，创造的价值低，无法在工作中兑换更多的价值。这时候，唯一的办法就是提升能力，创造更多的价值；转换平台，还有一种失落是创造的价值并不能在这份工作中兑换，这时就寻找可以兑换的工作平台去兑换；低价策略，先不求回报表现出自身的价值，让更多的价值平台了解自己，从而给大学生提供更大的兑换价值平台。

兴趣的提升，可以带来能力的增加，把兴趣一步步培养成为能力，就有了成为职业的可能。有了足够的能力，找到适合的平台，满足企业的需要，企业就会回报以我们想要的价值。价值的获取，可以强化人们的兴趣，使人们愿意投入更多的资源和努力去提高能力。这样，一个良性的循环就此形成，并如滚雪球一般越滚越大，最终实现工作的高度完美和情绪的积极正向。

不可否认，现在很多时候人们面临的一个共同问题就是自我与现实的矛盾差距，其中就包括兴趣与专业的背道而驰。当今社会，职业选择如此之多，而人们很容易就会因为周遭人的一些看法而改变自己的职业选择。事实上，人们拥有的选择越多，就越努力去寻找其中正确的，我们对自己最终的决定就会越不满意。

可能有人听过这句话："你的爱好就是你的方向，你的兴趣就是你的资本，你的性情就是你的命运"，所以跳出来看，如果大学生觉得自己被困于某种职业选择当中，也许是因为这个选择并不适合他们。去做些一直想尝试或一直钟爱的事，即便它们似乎跟专业毫无关联，这种跳跃也会对今后的职业定向起到很大的作用。

如果大学生一直对于某件事情有独特的爱好，并且一直专注于这种兴趣，那么有可能会慢慢发现如下的规律。

初始阶段：爱好变成习惯——对于一件特别喜欢的事情，大学生会一直愿意做下去，并且它很有可能变成生活中的某种习惯而使大学生一直在坚持。

发展阶段：爱好变成技能——如果对于这件事情坚持的时间足够长，那么便会十分擅长。而一个擅长的事情也就变成了一种技能。

中级阶段：爱好变为服务——当技能足够熟练，那么人就会慢慢去应用这种技能为他人服务，为他们提供价值，而自身也在这种服务中将自身的技能变得完善。

高级阶段：爱好变为资本——当人已经可以熟练地应用自己的技能为足够多的人提供足够的价值，那么便可以轻而易举地从中获得收入，而此时爱好就变成了可以从事的职业。

二、职业认知

（一）职业分类的概念和意义

职业分类是指按一定的规则和标准，把一般特征和本质特征相同或相似的社会职业归纳到一定类别系统中去的过程。

大多数发达国家都非常重视职业分类问题的研究，这不仅是形成产业结构概念和进行产业结构、产业组织及产业政策研究的前提，同时也是对劳动者及其劳动进行分类管理、分级管理及系统管理的需要。

（二）职业发展趋势

1．21 世纪我国急需的人才

有专家对我国科学技术的发展进行了分析和预测，随着我国经济、社会文化和科学技术的发展，我国的产业结构发生了根本的变化。未来 10 年有较大发展潜力的行业和急需的人才主要有：电子技术、生物工程、航天技术、海洋开发与利用、新能源、新材料、信息技术、机电一体化、农业科技、环境保护技术、生物工程研究与开发、工商与国际经贸、律师等。

2．21 世纪我国社会的主导职业

我国的人事管理机构根据全国各类专业协会的有关资料统计，对我国未来急需人才进行了分析和预测。分析结果认为，我国未来的主导职业包括：会计、计算机、软件开发、环保、健康与保健医药、咨询服务、保险、法律、老年医学与服务、公关与服务、市场营销、生命科学、咨询与社会工作、旅游管理与服务、人力资源管理等 16 个行业。

三、专业认知

专业认知是在进行专业课学习之前的一个重要环节。专业认知主要是实地参观、了解自己在这个专业上开展的各项活动，从而形成对本专业的感性认识，使以后的学习能够与实践结合起来，同时，专业认知也是今后其他各个实习环节的基础。

专业认知和职业规划的目的是使学生在进入学校之后，对自己所学习的学科产生兴趣，增强专业感性认识，理解和领悟职业培养目标、职业岗位、职业岗位的内容和特征、市场用人状况与能力要求等内容，使学生能够清晰、全面地了解今后将要担任的职业岗位情况和今后发展方向，清楚地了解所要完成的任务以及需要掌握的知识和技能，明确专业学习的目标和课程之间关系，对学生的择业认知、就业认知与创业认知进行系统指导。专业认知能力在大学生成长成才中具有基础性作用，它直接影响着大学生后续阶段的学习行为、态度以及未来实现个人目标的过程。

四、职业道德与法律

任何一个职业，都形成了与之相适应的社会关系与利益关系，包括职业内部从业人员之间的相互关系，不同职业从业人员之间的相互关系，职业从业人员和一般服务对象的关系，等等。调整和规范这些错综复杂的关系是高效、有序开展职业活动的重要条件。调整与规范的途径多种多样，不仅包括人们日常工作行为潜移默化所形成的道德与规则，而且还包括靠国家强制力制定和颁布执行的法律。

道德和法律作为职业活动中的两种调节手段各有所长，能够形成优势互补。职业道德的出现是和职业的出现同步的，保持了一个职业最根本的规范体系。道德规范缺失，这个职业便不能正常开展；法律是凭借国家强制力来保障执行的行为规范，保障并调整了职业生活中互惠的权利与义务。法律的执行靠强制力来保证，而道德取决于社会舆论、内心信念与传统习惯的支撑，与法律相比较，其执行更多是靠个人自律。

第二节 能力准备

能力是指顺利地完成某种活动的稳定的个性心理特征。能力直接影响人们工作和学习的效率。能力按照其获得的方式（先天具有与后天培养），可以分为能力倾向和技能两大类。能力倾向是指每个人与生俱来的特殊才能，如音乐、运动能力等。它是与生俱来的，不过也可能因未被开发而荒废。因此，这是一种潜能。技能则是指经过后天学习和练习培养而形成的能力，如阅读能力、人际交往能力、表达能力等。不同的职业往往会对不同的能力有一些较高的要求。

言语能力：言语能力强的人一方面从文字资料中获取信息的能力较强，工作中常表现为能准确领会政策、文件的精神以及上级的指令，另一方面表达自己思想、交流沟通的能力较强。几乎每个行业都对言语能力有要求，但是需要复杂的言语理解及表达技巧的职业，要求个体具备较强的言语能力，如教师、播音员、咨询人员、写作者和记者等职业。

数学能力：数学能力是指对数量关系的理解、分析及快速计算的能力。数学、财务、金融等相关职业需要较好的数学能力。

逻辑推理能力：逻辑推理能力指对事物间逻辑关系迅速而准确地理解、分析、推理判断的能力。计算机软件开发、律师、管理、科学研究等职业需要较强的逻辑推理能力。

机械推理能力：机械推理能力指对一般的自然、物理及机械常识和原理的理解及运用的能力，具有良好机械推理能力的人擅长学习装配和操作机械。在兴趣测试倾向中偏好现实型工作的人往往具有较好的机械推理能力，如木工、维修工、电工、工程制图者等。

空间关系能力：空间关系能力指对事物空间特征及物体间空间关系的理解和判断能力。建筑师、美术设计、模型制作等职业都需要较强的空间关系能力。

资料分析能力：资料分析能力指对图表所呈现的资料进行分析、综合理解的能力，对于处理细节的要求比较高。将其与空间关系能力、逻辑推理能力结合起来看，可以判断出在某些事务型职业上的能力倾向，如统计分析人员、会计、财会人员等。

知觉速度：知觉速度指对事物细微特征及事物外在特征间的差异进行快速、准确分辨的能力，速度和准确性是重点。速记、记账、处理科学资料等工作需要较好的知觉速度能力。

手指灵巧性和手臂稳定性：手指灵巧性是指迅速而准确地运用手指在较小的空间操纵微小物体的能力；手臂稳定性指手和手臂在一个特定的位置上保持一段时间的能力，现实型的职业对于这两者的要求一般都比较高。

一、职业环境分析能力

职业环境分析，就是我们要了解自己所选的职业在社会大环境下的成长历程以及当前的社会地位、社会发展趋势对这一专业的影响等。社会经济在发展，科学技术也在进步，社会职业结构发生改变已成为必然趋势，新职业将应运而生，部分职业也将走向衰落，还有一些职业尽管存在，但是，它的性质或内涵却有所改变。

若要把握机会，就需要树立清晰的职业发展目标，有效地减少机会成本，降低选择风险，那么，对职业环境进行深入分析，就是一个不可缺少的重要环节。

社会发展趋势对当前所从事的职业有什么影响，有什么要求，所选专业是否与社会需求相匹配，在这个产业中，公司有没有竞争力，有没有发展机会，怎样使所选职业的核心竞争力得以维持，可能会带来什么风险。通过对职业环境进行有效分析，可以从中获得启发或者解答。

（一）社会环境分析

所谓的社会环境分析，是针对我国社会政治环境、经济环境、法治环境、科技环境、文化环境、卫生环境及其他宏观因素进行分析。社会环境对于我们的职业生涯，甚至是人生发展有着非常重要的影响。通过对整个社会环境的研究，这里的整个社会环境囊括了国际、国内和所处区域三个层面，认识和理解国际、国内及本国所处区域内的政治、经济、科技、文化、法治建设、政策要求和发展方向等，以便更好地谋求多种发展机会。

（二）行业环境分析

行业环境分析是指个人对于当前所处行业以及未来所要从事的目标行业所处的环境进行分析，包括行业现状、行业当前优势和问题、行业发展前景展望、国际国内大事对行业的冲击等。

（三）企业环境分析

企业环境分析是指企业对其所属行业或者新的发展领域的定位与发展前景、企业产品的市场发展前景等进行的分析。

1. 企业实力

企业具备怎样的行业竞争力？企业目前处于一个什么样的境地？企业的发展前景是怎样的？企业能否做大做强？企业在激烈的市场竞争中也讲究适者生存的

道理，并不是说只有大公司才能生存下来。适者生存是指与环境相适应、与社会发展趋势相顺应的企业更容易获得长远发展。注重企业生存，可根据企业产品的市场发展前景进行分析。有的产品红极一时，却如流星般短暂，一两年后就消失了，这种产品缺乏生命力。从某种意义上来讲，能影响并改变人们生活方式的商品与服务，最具长远生命力。

2．企业领导人

企业主要领导人的志向和才能，是决定一个企业成长的决定性因素。企业家需要做的，并不在于寻找顾客群，而是需要造就顾客群。满足客户显在需求并不等同于刺激客户潜在需求。碌碌无为、本领不大的企业经营者，顶多找找客户，且只注重满足客户的显在需求。真正的企业家可以创造顾客群，其产品与服务便可以满足客户的潜在需求。此外，企业领导人是否考虑过员工职业生涯发展问题，是对企业进行评估和分析的一个主要内容。

3．企业文化和企业制度

企业分析也包括企业文化、企业制度尤其是企业用人制度的分析。

企业文化是由企业领导提倡并身体力行、获得职工认可并遵守的价值观与行为准则。企业文化可以说是企业的精髓，那么企业文化体现在何处呢？书写在墙壁上的口号、在企业彩色宣传单上所印制的标语以及领导大会上所谈到的这些是不是企业文化？是，但不是企业文化的精髓。企业文化的精髓可体现在企业的卫生间、食堂、电梯、楼道中，因为职工在私下里说的悄悄话常常才是企业文化在企业中的真实写照。真正意义上的企业文化，就是不加遮掩地依然坚守着的思想。所处企业究竟有哪些文化，基本的价值观在哪里，用人制度是任人唯贤，还是任人唯亲。职工不仅要看到企业领导人所强调的内容，更要看看他在实际中干了什么。卓越的企业文化，是企业经营管理的灵魂，也是企业的一笔宝贵财富。

4．分析结果

通过分析企业，得出如下结论：对于企业发展战略的制定、对企业文化与管理制度的认可，对企业组织结构发展趋势的认识，与职工未来职业的发展存在着密切的关系。企业应该向职工讲述企业组织结构的发展趋势，企业可提供多种教育和培训机会。每一个职工都应该思考一下，自己在这个公司里达到职业生涯目标的可能性有多大。

（四）岗位环境分析

所谓岗位环境分析，就是对岗位的任职资格、所需的专业技能、能力和素质以及工作职责和工作流程进行分析。岗位分析对从业者来说是非常必要的，只有了解了岗位的相关要求，从业者才能够有的放矢地做好自己的职业生涯规划。

二、自我管理能力

自我管理主要指的是个体对自己本身，对自己的目标、思想心理和行为等方面进行的管理，自己把自己组织起来，自己管理自己，自己约束自己，自己激励自己，自己管理自己的事务，最终实现自我奋斗目标的一个过程。

自我管理是每个人对自己生命运动和实践的一种自我调节。自我管理的核心就是自我认知、自我组织、自我激励、自我监督、自我调控、自我评价、自我意识、自我锻炼、自我反省，使个体科学且有目的地逐步走向自我完善，从而达到自我实现、自我成就和自我超越。学生自我管理的能力是需要学习和训练才能获得的，这需要学生和老师的共同努力。就学生在校期间的职业生涯规划的设定和初步实现而言，大体的过程是：学生通过学校职业生涯辅导教师的协助，在自我认识和了解地区经济社会发展水平的基础上，确立适当的职业生涯发展目标和人生发展方向，选择实现既定目标的职业，制定大学学习和发展的总体目标和阶段人生目标，并践行、评估、反馈和调整。这期间教师起的是引导的作用，而能否取得阶段性成功的关键在于学生的实际执行力。换句话说，学生成功的关键在于是否能有效地进行自我管理。

健康管理：健康管理主要包括生理健康管理与心理健康管理。生理健康管理以预防疾病为主，体能锻炼为辅。心理健康管理主要是针对情绪进行管理，针对个体行为进行控制。

时间管理：时间管理包括在各种活动中（比如学习、闲暇、社会实践）如何分配时间和单位时间的工作效率管理。在这种管理下，时间管理规划的确立并不重要，更重要的是时间管理的行为。

学习管理：学习的管理既包括理论学习的管理，也包括专业技能学习的管理。理论学习也有基础学科学习与专业理论学习之分。就理论学习而言，既注重学习的宽度，又注重学习深度，同时，还应特别关注维持个体主动学习行为。对于专业技能学习的研究，第一，不能只为持有各类证书，就毫无选择性地去学各类技能；第二，要把技能应用到实际中去，关键在于技能和实践相结合时，如何有效地刺激并稳定个体行为。

计划管理：计划管理主要涉及学业计划管理、职业计划管理等。其中，制订学业目标与职业目标是第一步，在完成规划时，个人行为发挥着关键作用。

三、就业市场利用能力

对即将踏入社会的大学生而言，就业市场为他们择业提供了良好的条件，但大学生也要对这一市场进行有效利用。

准备材料：毕业班学生应事先准备个人求职的相关资料，包括自荐信、学校推荐表、成绩单、多种证明材料等。

注意动向：应密切关注报纸、电台、电视台、网络、海报及校方通知，随时掌握各种就业市场的主办时间和场所、用人单位及招聘对象的信息。

主动出击：应提前主动从就业市场主办单位处获取招聘信息。掌握招聘参与单位的相关信息，选择合适的用人单位，对其应聘材料进行针对性调整，对问题重点突破。

迂回突破：对于每年到就业市场招工的部分单位，大学生可以从教师或者之前成功应聘的校友那里获得信息，抓住这类单位的用人特点与偏好，摸清企业的用人动向。

及时联系：对于接受了应聘材料的就业意向单位，大学生应将名称、地址、主管人员、联系方式记清，这样才能在招聘工作完成之后及时地与之进行接触与交流。

第三节　职业素质

所谓职业素质，就是劳动者以生理、心理条件为基础，以教育、实践与自我完善及其他方式为手段，形成与发展起来的、在职业活动中具有重要地位的一种内在基本品质。职业素质是与职业活动相关的素质，任何一种职业都对人的素质有一定的要求，它不仅包括从事某项具体职业所应具备的素质，而且还包括为获得这些素质所应具备的潜力。

职业素质具有五个特征：职业性，不同行业的从业者的素质有所不同；稳定性，素质一经形成，便会经常地在职业生活中体现出来；内在性，素质以潜能的形式存在，只有在职业活动中才能显现出来；整体性，素质是从业人员各方面能力和品质的综合体现；发展性，随着社会的发展，相关专业对从业人员素质的要求会越来越高。

大学生职业素质包括两个基本方面：一是职业意识，即从业人员在特定的职场环境和社会条件下，在专业岗位任职中形成的与从业有关的思想和观念。职业意识包括职业价值观、职业道德观和职业角色使命感与责任心。它集中地表现为一种爱岗敬业的精神，同时，自然地体现在从业人员的行为规范、进取心和工作信条上；二是职业能力（包括潜能），即从业人员对职业岗位的适应性、对工作的掌控能力，以及由此产生的创新能力和发展能力。

一、专业基础

现代社会，经济飞速发展，各种职业对从业人员专业技能的要求也越来越高。"一专多能"的"T 型"人才是当今社会最受欢迎的复合型人才。大学生应该学好专业，熟练掌握一门专业技能，并具有将其发展至精的潜能，这将受到用人单位的格外青睐。

规划和设计人生的想法最近引起了人们的关注。所谓的人生设计，就是指加强自我分析，在自我了解的基础上挑选合适的职业或事业，全身心地投入工作中，对财富、家庭、社交、休闲等制定有效的计划，进而达到预期的目标。有明确的人生目的、有专业能力的职工，不人云亦云，不随波逐流。他们在遇到挫折时，还可以努力坚持下去，不轻易撤退，他们能够发挥主观能动性从事生产或者其他劳动。

企业用人需求调研结果显示，工作态度和敬业精神在企业选拔人才时，应作为优先选择的条件。只有忠诚于企业，在工作中主动作为的人才，才会受到企业的青睐，而那些经常想换工作的人，没有足够的耐心，做事不务正业，便为企业所不齿。道德品质为做人之本，更是企业对于人才最根本的需求。一个有学问又有一技之长的人，若道德品质不佳，也不会受到企业的欢迎。

通常情况下，人类智力差别很小，工作成效如何，常常取决于他的工作态度如何，以及是否具备敢于担当使命与职责的气魄；在职场中遭遇挫折依然百折不挠、坚持到最后的职工，他最终取得的成绩一定是比较好的，并会因此得到公司老总及同事的重视与信任。

显性的职业素质，如知识、技能等，更易在教育与训练中习得。每个专业的培养方案都是根据社会需要与专业需要而制定的，其目的是让学生掌握系统化的基础知识和专业知识，强化学生的专业认知，促进知识的应用。大学生要主动配合本校培养计划，认真地完成学习任务，最大限度地利用学校的教育资源（教师、图书馆等）获取知识和技能，迎接未来的就业。

二、学习能力

现代社会的分工日益细化，各行业需要的专业知识呈现出专而精的特点。所以，专业知识和工作能力就成了企业在招贤纳士过程中重点关注的对象。但是，在更多企业注重教育训练的今天，自行培养人才已经成为新的潮流，新招聘的人员有无专业知识、工作经验，已经不再是企业挑选人才的必要条件。企业更加关注新招聘人员学习潜力的大小。在现代社会中，科技发展突飞猛进，市场竞争日新月异，企业若要不断向前发展，只有不断地创新，维持现状就意味着后退。企业中的各项工作均以人为主，所以，具有强烈的学习意愿、能接纳具有创新思想员工的公司，发展一定会更快。

所谓有学习潜力，是指具有良好的品质、具有极强的追求成功的动力、学习欲望强烈、学习能力较强。如今，在挑选人才时，越来越多的公司往往选择具有学习潜力的人，而不是特别注重有专业知识的人。最近几年，企业在用人过程中，增加了对他们志向和智力的考查，目的是对应聘者的潜力状况进行测试。

在现代社会中，科学技术迅猛发展，我们只有善于吸取新的知识和经验，从各个方面不断完善自我，才有可能与时俱进。大学生在学校获得的知识只占一生工作所需知识的10％，不能满足社会生产飞速变化下职场的需要。在工作中不断学习，不断提高，具备良好的学习能力，已成为职场发展中必备的能力。①

① 龚芸，辜桃．大学生职业取向与职业规划[M]．北京：中国社会出版社，2017.

三、人际交往能力

人际交往能力，是一种和他人打交道的本领。因社会分工越来越细，个人能力有限，现代组织比较注重团队合作，单打独斗已经不适应企业发展需求，不利于有效完成工作任务。人际交往能力强，不只是教师的一句点评，而是职场必备的软实力。

在社会越来越开放、越来越多元化的今天，沟通能力已经成为当代人们生活中不可缺少的一种技能。企业中的职工，不可避免地要面对上司、同事和客户，同时还要处理好和企业、股东、同行、政府、社区居民的关系，甚至还需要对其他机构或者个人进行讲解、推广等，由此可见，提升沟通能力十分重要。

当今社会，无论个人多么好、多么卓越，也不可能仅凭一己之力就事业有成。要想成功地完成任务，就一定要有集体主义精神。要求员工具备集体主义精神，或者合群性，几乎成了各类企业共同的诉求。个人英雄主义倾向过于浓重者，在企业中不易站稳脚跟，从这个层面来看，要想做得更好，决不能单凭个人的喜好而独断专行。只有不断地交流、协调、探讨，把整体利益放在首位，集众家之力，才会做出被所有人所认可并拥护的决策，才能做好这件事。

人际交往最核心的环节是合作和交流。发展人际交往能力，首先，必须要拥有一个积极向上的态度，积极地和别人打交道，勇敢地面对一个和你不一样的人；其次，必须从小事抓起，讲究社交礼仪，积少成多；再次，要大胆地走出去，克服畏惧的心理，注重交往知识的积累，在实际接触中体验和掌握人际交往中的多种方式与技巧；最后，认识到真诚是多么重要，真诚可以加强人与人之间的合作、交流。

（一）良好表达能力的培养

在社会交往中备受青睐、有吸引力的人，肯定精通社交口才技巧。社交口才的展示要讲究适时、适量、适度三个方面的要求。

适时：说在该说时，止于该止者，谓适时也。通俗来讲，相遇的时候适时打招呼；离开的时候适时道别；失礼的时候及时赔礼道歉；及时回答咨询；及时回复求助；等等。

适量：适量既指话语的数量适度，也指声音的大小适量。

适度：适度的表现有如下两点，首先，针对不同客体，掌握言谈深浅度，针对不同情况，掌握谈吐得体度，依据身份，在谈吐中掌握分寸感；其次，体态语适当。

（二）人际融合能力的培养

人际融合既是能力，也是智慧，更是一门艺术。人际融合能力与个体思想品德、知识技能、活动能力、创造能力、处理人际关系的能力、健康状况等方面息息相关。一般来说，一个素质比较高、各个方面的能力都相对较高、身心健全的大学毕业生在走向社会以后，能迅速适应环境和工作，甚至在较恶劣的情况下，还可以把不利因素变为有利因素。一句诚恳的话、一段轻松的对话、一个心领神会的微笑或者目光，均能换来健康、乐观、平和的心态，创造轻松和谐的人际氛围。

（三）解决问题能力的培养

应对日常学习和生活中出现的种种问题，这是我们的主要职责。通常在人际交往中，要重视培养自己解决问题的能力，这对提升我们人际交往能力、构建和谐的人际关系起着重要作用。大学生要意识并了解人际交往的意义，寻找适当的途径，发展并增强自己人际交往的能力，在人际交往中，用积极的心态与行为去面对，构建和谐的人际关系，为个人成长及职业发展奠定良好的人际关系基础。

推进大学生就业社会实践，可以有效地培养大学生解决问题的能力。个人的学问，一方面源于理论，另一方面源于社会实践。理论知识应该应用到工作实践中去，并在实际工作中得到验证。实践—认识—再实践—再认识，循环往复，以至无穷，渐渐地把人们的理解带入一个更高的层次。

进行社会实践的内容有以下几方面。

第一，了解相关职业素质，确立职业观念。大学生应积极参加学校就业指导中心及所在院系举办的职业生涯及职业素质讲座，另外，还要积极参与班会、谈心活动、校友成才报告会等。

第二，积极参与校园活动。各高校校园文化活动开展得十分积极，团委、学生会和各社团经常举办各种文化、体育活动。上述活动能够锻炼大批学生干部，使其思想素质有所提高，理论水平有所提升，使其集体观念、组织观念与效率观念得到强化，让学生干部有宽广的心胸，具备吃苦耐劳并且敢于承担责任的工作作风。积极参与上述活动，能极大地提高学生的职业素质。

第三，主动参与各类科技创新活动。大学生应主动参与科技讲座、科技理论研讨会、各类科技竞赛等活动，比如创业大赛、网页制作大赛等。参与各类科技创新活动能培养大学生的学习能力和做事能力以及团结合作的能力，增强大学生科学精神和创新能力等，从而促进大学生职业素质和能力的培养。

第四，利用放假时间，到社会上去开展实践活动。大学生在社会实践中，能够提高用理论知识去解决现实问题的能力，进一步提升职业素质。大学生要利用周末和寒暑假到社会上去，对自己职业的市场情况有一定的认识，了解社会与企业对于大学生的需求。大学生除参与学校、社会联合组织的见习活动外，还可以运用自己的各种社会关系，比如朋友和亲戚，联系与本专业相适应的社会实践，让自己认识社会、认识企业，为今后走向工作岗位奠定坚实的基础。

第五，用实习期提升职业技能与品质。通过对基础理论知识和专业理论知识的学习，大学生已掌握了较为完整的理论知识体系。但大学生不应只停留于理论的层面，而是应在教师的指导下，将学到的东西应用到实际当中去。实习能调动大学生的工作热情和创业热情。在实习过程中，大学生的能力和素质若能被企业认同，将极大地缩短大学生和企业的差距，创造条件，使其顺利就业。

四、适应能力

在选拔人才的过程中，企业不可避免地要关注被选择人对周围环境的适应能力，切忌提拔那些性格极端者或理想主义者，主要原因在于这类人比较难以和他人相处，办事不牢靠，这些因素都可能影响到员工的工作情绪与斗志。新员工刚到公司上班，起初难免会觉得生疏，但是，如果员工能够在最短的时间里熟悉工作环境，并能够和同事和谐相处，获得大家的赞同与信赖，这对员工来说是很重要的。

科学严谨地分析问题，对问题作出正确回应的人往往更容易获得成功。在私营企业内，经营管理时刻发生着变化，在多个方面都面临着管理危机，这种情况下，员工就需要及时发现机会，把握解决问题的时效，恰当处理各种情况，这样才能取得成功。如果员工能够快速分析问题，及时对问题作出反应，有效地解决各类问题，那么企业也将会高度重视这类员工的发展。

在市场经济条件下，各企业都要参与激烈的市场竞争，现代社会日新月异，更要求企业不能墨守成规。用人单位迫切需要大学生带来活力和激情，更重要的是带来专业知识和创新精神，以此帮助企业改造技术，提升管理。

第四节　心理准备

一、就业心理调适

人人都希望成为胜利者，人人都有可能成为胜利者；人人都希望自己能成为事业的强者，人人也都有可能成为事业的强者。胜利者与强者，在他们成长过程中所面临的社会环境、经济形势、机遇条件、意识天赋各有不同，但是他们都具有一个共同点，那就是他们具有超强的心理素质，有勇于正视挫折、战胜挫折的良好心态。在现实中，常会出现这样的事情，某人虽然在各方面占据先机，却不能成为竞争的胜利者，甚至一败涂地，探究其原因，多数为缺乏良好的心理素质。高等院校大学毕业生在求职、择业、创业的过程中，具备良好的心态是一项必不可少的因素。

（一）就业常见心理问题

大学生心理障碍是指部分大学生存在一些不健康的心理现象或倾向，它是心理压力和心理承受力相互作用，使大学生失去应有的心理平衡的结果。心理障碍的表现形式多种多样，对大学生的影响程度有轻有重。归纳起来，大学生择业时常见的心理障碍主要有以下几种。

1. 焦虑心理及情绪波动

毕业前夕，大多数毕业生会因结束学业，开启另一段“不确定旅途”产生焦虑、烦躁、无助等问题，严重的会出现极度的心理焦虑与不安。这些状况在来自偏远贫困地区、性格内向、综合能力差、择业困难的大学生身上屡见不鲜。求职过程中遇到挫折会挫败毕业生求职的积极性，加重他们在择业时的思想压力，助长消极情绪和焦虑心理，使个人情绪波动异常。近些年的大学毕业生就业形势、大学生自身抗挫折能力、情感和家庭背景等方面也是引发大学生择业焦虑心理及情绪波动的重要因素。

2. 急功近利及从众心理

“90后”大学生在求职、择业、创业过程中喜欢追求一步到位，部分大学生将就业环境和薪资待遇作为就业首选条件，热衷于环境优越的经济发达地区和收入丰厚的职业，导致能够满足大学生期待的岗位少之又少。还有的大学生对自己没有正确认知，择业时没有清晰的职业规划，在就业时随波逐流、盲目从众，忽视了岗位是否匹配自身的这一首要条件，从而影响了自身的职业选择。[①]

3. 依赖心理

现代大学生大多数为独生子女，需求多，能力不足，处事过分依赖父母，自我处理问题能力差。在激烈的择业竞争面前，很多大学生缺乏独立意识或竞争意识，害怕或不敢参与竞争，不能在用人单位面前勇敢推销和展现自己。还有的大学生存在推卸责任和逃避压力的心理，过分依赖父母、亲朋好友、学校和老师，将择业寄托在家长和学校身上，没有意识到择业的重要性，既想找到理想的工作，又不愿为之付出努力。过于依赖的心理因素会影响大学生独立性、责任担当以及自信心，也会影响大学生的工作能力。

4. 盲目攀比心理

择业过程中，很多大学生没有从自身所处环境和自身素质出发，对职业生涯缺乏正确的认知和规划，求职过程中不分辨岗位是否适合自己，盲目从众，人云亦云。还有的大学生在选择时盲目攀比，过于追求大公司大企业，追逐高收入、低付出的工作，从而没有对自身能力进行正确的判断，眼高手低。

5. 自卑自负心理

自卑和自负是大学生择业过程中的两个极端心理状态。自卑常常表现为大学生对自身的能力和素质评价过低，经常会产生悲观、消沉、无助的心理，竞争过程中缺乏自信心和勇气，对成功就业或优质就业感到悲观失望。自负同样为对自身缺乏客观的分析与评价，对自身期望值过高，脱离自身实际能力，好高骛远，认为自己在各方面优于他人，往往在就业中出现高不成、低不就的状况。极度的自卑和盲目的自负都会影响大学生在择业时的选择和判断力，影响其自身能力的发展。

6. 冷漠心理

冷漠是一种对挫折的自我逃避式的退缩心理反应，带有一定的自我保护和自

① 刘益民．职业生涯[M]．北京：北京航空航天大学出版社，2020.

我防御性质。部分大学毕业生在求职择业中遭受挫折时，往往会出现无能为力、情绪低落、情感淡漠等心态。部分大学生因为害怕求职过程中的挫折，通过逃避就业、忽视就业的方式来应对就业压力。这些情绪低落、逃避就业、远离压力的冷漠心理既不利于毕业生求职择业，也不利于身心健康，大学生就应在学习和生活中克服冷漠心理。

（二）心理问题调适

1. 接受职业生涯规划教育，树立正确的择业观

职业生涯规划教育是一项能有效缓解就业心理障碍的事前预防性教育。这种就业指导模式一方面指导在校生提前调适就业心理，及时进入就业准备期，从而尽可能缓解就业求职中的紧张情绪；另一方面，通过接受职业生涯规划教育，在校学生可以规划自己的职业方向和有条理、分阶段深化专业知识学习，通过社会实践，不断提高自身综合素质，这对一生的职业发展将会产生巨大而深远的影响。同时，毕业生可以通过职业生涯规划教育深入了解国情，正确认识社会环境，清晰分析自己，正确认识自己，基于自身实际条件和社会需求，实实在在地确定符合自己发展的求职目标和择业方向，在新的就业形势下，积极转变就业观念。

2. 加强自我心理调适，减轻就业压力

在实际生活中，大学生切实地承受着各种各样的就业压力，即使有相关的就业指导，大学生群体中依然存在着一些思想方面的困惑，而这就需要大学生具备良好的心理素质，应对心理斗争。要想保持健康的心理状态，人们就要协调好主观思想和客观环境之间的关系，使其达到和谐统一，只有这样才能实现心理平衡的目标，当一方发生变化时，另一方也要跟着变化，这样才不会出现心理障碍。心理健康的人能够根据外界环境的变化来进行自我调节，以期达到新的心理平衡。求职择业时，大学生应适时增强自我心理调适能力，在个体心理平衡很难保持、出现心理障碍的时候，要根据自身心态的特殊情况，选择自我静思法、自我转化法、自我适度宣泄法，理性情绪法等多种方式进行自我心理调适，以缓解自己的压力，重建心理平衡，从而在健康的心态下完成求职择业的任务。

二、心理应对策略

（一）敢于竞争，善于竞争

在当代，竞争机制已渗透到社会各领域以及生活的全过程中。竞争不仅表现为知识上的竞争，而且还体现在能力素质的竞争。大学阶段的竞争就更加激烈，评出优秀毕业生、评出奖学金、推荐研究生等，没有一个是与竞争无关的。因此，大学生要想顺利地进入工作状态，就必须树立起强烈的竞争意识。积极应对挑战，增强竞争意识，是做好大学生就业准备工作的基本心理准备。而这就要求大学毕业生们：一是要在清晰自我认知的基础上，相信自己的综合能力，敢于通过竞争去实现个人目标。二是必须有决心同“铁饭碗、大锅饭”的传统就业观念告别。必须从社会发展和深化改革的角度来提高自身的竞争意识，强化自身的竞争能力，自觉地正视社会发展带来的机遇与挑战，转变观念，做好参加就业竞争的心理准备。

在求职与择业的过程中，大学生具备竞争意识无疑是重要的事情，但更重要的是善于竞争，掌握一定的竞争能力，比如拥有稳定的心理状态、具备扎实的专业基础、保持良好的竞技状态等。在求职面试过程中，一定要保持轻松自如的情绪状态，敢于介绍和突出自己的优势。要知道在求职面试中的沉默、畏缩、腼腆、窘促，都会导致最终丧失就业机会。因此在求职过程中，毕业生既不要吹嘘自己，也不要轻视自己，应基于自身的真实实力，积极、客观地展示自己，力争恰到好处。另外要注意扬长避短，每个人都有自己的特长和不足，无论是在性格上、专业上都是如此。因此面试时一定要扬长避短，敢于表现自己，才有可能在竞争中获胜。

（二）消除自卑心理，正确对待挫折

人们在成功的过程中难免遭遇失意和挫折。挫折是磨炼意志、加强能力建设的良机。挫折也可以成为学习进步的动力和源泉，成功的经验源于挫折后的总结与反思。遭遇挫折，要放下心理压力，认真查找问题的解决途径，调整目标，脚踏实地，努力实现个人突破。首先，树立自信心，克服自卑感。自卑是人的弱点，它常常使人感到失望、沮丧、悲观和绝望，从而导致精神上的崩溃。在充满竞争

的求职中，有的大学生由于自身的专业知识、专业技能和综合素质均低于其他学生，或者因为找工作而屡遭挫折，常常会有很强的自卑心理。这使他们对工作失去兴趣，缺乏自信心和动力，认为自己不值得去奋斗。具有这一心理的大学生，常常缺乏自信，缺乏勇气去面对用人单位，无法向用人单位恰如其分地显示自己的所长，连自己的优点都会转化为缺点，严重地影响就业和择业。目前，用人单位与大学毕业生通过双向选择达成求职与招聘的本质意义就是一种积极激励的手段，它对求职失败者来说并不是简单地淘汰和鄙视，相反，这可以通过激励促使失败者及时振作起来，彻底摆脱“等、靠、要”的传统就业心态，使求职者转向自立、自信、自强的心态，从而成为新时代的开拓者。

（三）坚持继续学习，树立自主创业心理

现代社会的知识是以几何倍数递增的，知识更新越来越快，未来的社会，一定会成为学习社会，而技能和工作方法的习得主要通过工作实践来实现，所以，部分同学毕业后为了更好地成长，提升自己的能力，往往会将体系健全、发展成熟的企业作为自己优先选择的对象，愿意进入系统化、专业化、规范化并且能够提供学习机会的单位工作。这种终身学习意识的凸显，尤其是重视在工作中提升自己能力的现象，无疑是与时代发展的要求合拍的。随着社会发展和科技进步，传统意识中是普通“蓝领”的工作，由具有较高知识水平和技能的人员来从事，应当是情理之中的事情。教育的发展，提升了整个社会的文化水平，各级各类从业人员的知识水平必然提高。

三、心理准备的方法

（一）准备角色转换

所谓角色转换，主要是指毕业生身份认知由大学生角色过渡为一个现实社会中求职者与工作者。角色变化对于大学毕业生职业成长和发展非常重要，因此大学毕业生从毕业开始，就要实事求是地面对自身社会角色变化这一现实，多方位、多角度地对自己工作的环境进行全面的调研与分析，尽可能多地了解目标岗位的资料和信息，及时融入岗位角色中去，主动获取社会接纳，从而成为新的群体中的一员。

（二）建立良好的人际关系

健康良好的人际关系有助于大学毕业生集思广益。通过人际交往活动，大家互相帮助、互相启发、共同探讨和交流经验，对他们在专业成长、技能提升、自我管理等方面都有促进作用。大学毕业生刚进入职场，处于人生发展成长上的转折期，若人际关系处理不当，就容易使自己陷入孤独的境地。而良好的人际关系，使新入职的大学毕业生在和谐、融洽的氛围中工作，不仅有助于其工作效率的提高，更有利于毕业生及时转变工作心理，实现个人快速成长，使心理更加积极。所以，积极拓展大学生人际交往范围，建立积极向上的人际关系，对刚毕业大学生的身心健康十分重要，也有利于他们角色转换。

（三）转变就业观念

毕业生要转变就业观念，就要树立正确就业、择业、创业观念，发挥大学生的技术优势、创新意识优势。同时要破除传统的“端铁饭碗”的就业观念，顺应当下社会主义市场经济形势下的新就业观念；转变“等分配”“走一步看一步”的想法，树立积极开辟、敢于承担风险的就业新观念。

第四章　大学生职业规划研究

大学生职业生涯规划就是学生在校期间有计划地进行职业生涯规划。职业生涯规划是对自己的兴趣、特长和能力有一个比较全面地了解和认识后所作出的一种选择。内容涉及大学时期的学习规划、职业规划等，职业生涯规划是否完善，直接关系着学生大学时期学习生活的质量，更是关系着求职就业乃至今后事业的兴衰。本章阐述的内容是大学生职业规划研究，分为大学生职业规划设计概述、大学生职业规划设计理论、大学生职业规划设计原则与方法、大学生职业规划设计实施、大学生职业规划设计教育五节。

第一节　大学生职业规划设计概述

一、职业规划设计的含义

职业规划设计可以理解为个体在充分分析自身条件基础上，把握眼前机会，明确制约因素，给自己树立事业发展的目标，选择职业道路，制订培训与发展计划，并且明确行动的方向，为了达到职业目标而规划的行动、时间及计划。职业规划对每一位大学生来说都很重要，它不仅关系到大学生能否顺利完成学业，还影响着其今后职业生涯中事业的成败。职业规划需要个人依据自己的“职业兴趣、性格特点、能力倾向和自己所学专业知识技能”进行，在充分考虑多种外界因素的情况下，深思熟虑，明确自己的位置，发挥优势，以达到自我价值最大化的目的。因此，职业生涯规划是一项非常重要的工作。职业目标和生活目标一致，人们就会快乐，职业生涯规划从本质上讲，就是一种对最佳职业的追寻，需要结合自身特点与条件，充分发挥自身优势，扬长避短，从而实现人生价值。制订职业规划，既要具有挑战性，又要切忌好高骛远。因此，制订合理的职业规划就显得非常重要了。制订职业规划的时候，应当遵循下列八项原则：实践性原则、持续性原则、清晰性原则、可行性原则、适时性原则、适应性原则、挑战性原则、长期性原则。

（一）职业规划的核心内容

职业规划是针对目前的实际情况，找出既能满足自身能力特点，也能满足社会要求的职业。那么如何做好这一工作呢？在此过程中，我们一定要了解下面的几个问题。

清楚地知道自己适合干什么：大学生在进行自身职业规划时，一定要清楚自身可以做什么、适合做什么，这是选择职业时最基本的条件。

明确自己想做什么，将来想做什么：一个人如果没有明确的目标、缺乏自信心和进取心的话，那么这人就很难有所成就。只有对事业保持浓厚的兴趣，人们才会产生强烈的求知欲。兴趣是人们寻求成功的动力。就职业规划而言，大学生应该正确、全面地审视自我，发现自己真正感兴趣的地方，以此找对专业。

思考社会需求是什么：明确自己想做什么，将来想做什么以后，大学生就应该思考社会的需求在哪里，这是职业规划能否得以实施的保障。大学生作为社会中的重要成员，与社会存在着密切的关系。如果一个人没有了社会意识和责任感，那么他就不可能有真正的自我发展能力。在社会中，个人价值被认可，是实现自己职业生涯规划的重要体现。

从上面我们可以看出，一个职业规划应该包含如下十个要素：题目、职业方向、社会环境分析结果、组织分析结果、角色及其建议、目标及实现时间、自身条件及潜力测评结果、差距、缩小差距的方法。

（二）职业规划设计的具体步骤

在职业规划中，达到人生目标有五个步骤：

第一，把美好的愿望转化为目标——题目、职业方向、总体目标。

第二，通过可行性研究来判断目标实现的可能性——社会环境分析、职业分析、行业分析、企业分析、个人分析以及潜能测评和角色建议。

第三，设计方案——目标分解、目标组合、成功的标准。

第四，实施图——找差距，探索缩小差距的方法。

第五，评估和反馈——下一个职业规划的可靠基准。

二、大学生进行职业规划的重要性

大学生开展职业规划设计，并不只是满足普通的职业规划，其在企业乃至社会中所扮演的角色是不可替代的。因此，高校要重视学生职业规划教育工作，将其作为人才培养的一个重要环节来落实。通过职业规划，大学生能较好地站在企业与社会需要的立场上，挖掘自身潜力，壮大企业实力。同时也能帮助学生找到自己适合的工作岗位。还可以使优秀员工和相应岗位相匹配，给企业和社会带来更多的财富。除此之外，大学生在职业规划过程中能够得到提升。所以职业规划对于大学生自身价值的实现以及将来的成长都起着至关重要的作用，有助于大学生树立职业理想，培养职业素质，正确地分析自己、分析专业，培养职业所需的实践能力。

职业生涯规划设计是为了使大学生对自身有一个整体的了解，充分分析自身条件与状况，了解未来职业的特点，正确把握岗位要求，从而实现事业理想。通过对自我进行系统的分析与判断，大学生可以了解自身存在哪些优势和劣势，从而有针对性地调整自己的职业生涯方向，确定奋斗目标，制定合理计划，并付诸行动。

（一）明确人生目标

“志当存高远”，劝勉初出茅庐的年轻人，要立下远大的志向。没有明确的目标，就不会有前进的动力和勇气，也不可能取得成就。不管干什么事，明确目标，这是首要的一步。只有确定目标，我们这才明白自己的奋斗方向。那么如何才能实现自己的理想呢？在能力、天赋与悟性方面，人与人之间是存在差距的，我们就算树立了相应的目标，也不一定能百分之百地实现，然而，若不树立目标，我们成功的可能性就会更小。同样地，对于个人来说，目标是指引他前进的方向。在职业规划中，职业生涯规划是非常重要的环节。因此，无论我们所设定的目标能否实现，目标对于我们能否取得成功都具有十分积极的意义。职业规划，首先要使我们有一个清晰的目标，有获得成功的觉悟。

（二）根据自身情况和条件制定恰当的人生目标

制订合理的职业规划是一项颇有难度的任务，这是因为合理的职业规划不仅要建立在自身条件和能力的基础上，还要适应社会发展的需要。很多时候，我们很难准确地把握职业的方向和目标。目标过于单一，不能起到激励自己的效果；目标过于庞大，不知如何实施。目标是人在社会中生存发展所需要的一种状态。合适的人生目标，就像是分水岭，很容易就将资质相近之人分成少数精英与大多数平庸之辈。很多时候，我们都会在自己设定的奋斗目标上徘徊不定。只有在明确了奋斗目标后，才会有动力去实现目标。职业规划能使我们更深刻地认识自我和社会需求。只有在正确的道路上走下去，才能得到真正意义上的成功。因此我们应该拥有一个与自身情况相适应的目标。同时，对所设定的目标进行分析研究，确定实现目标的途径、方法以及具体的步骤等。在熟练掌握职业规划基本原则之后，在设定目标的过程中，大学生应根据自己的条件与状况，全面地分析自己，顾及社会发展与需求情况，在现实与理想之间寻找鸿沟，由此确立可行的人生目标。

（三）指引大学生努力实现自己的人生目标

如果缺乏切实的行动，规划只能是规划，梦毕竟还是梦。职业规划就是在明确个人发展方向的前提下对自身进行调整以达到预期目的的行为活动。职业规划必须将目的性与可行性相结合。在大学阶段，每个人都有自己的奋斗目标。但是，在实现目标的过程中，需要花费大量的心血与汗水。只有确定了自己的职业发展方向之后，才能真正明白未来的路应该如何走下去，才不会盲目地去追梦。职业规划能够使大学生在追逐梦想的过程中，确定其三要工作，取得事半功倍之效。在大学期间，大学生应该把职业生涯规划作为人生的重要组成部分来考虑。在就业压力越来越大、竞争也日益激烈的今天，每个人都希望能够通过自己的努力获得成功。在一个充满变数的社会中，我们只能根据可能出现的外部情况，不断调整自我，修改自己的计划，给人生的每个阶段都制造出最多的成就感与满足感，从而达成人生目标。

第二节　大学生职业规划设计理论

职业选择发展论的观点指出，人的职业意识与要求，不是在面对就业的时候才产生的，而是从小就酝酿了职业选择的萌芽，随着年龄、资历、教育及其他因素的改变，人在择业过程中，心理会随之改变。从心理学角度讲，每个个体都会根据自身条件以及社会需要进行自我调整，使自己适应新的环境。此外，人们对于职业本能也有不同的认识，在职业发展未来取向上亦有明显的不同，职业倾向发展的不同阶段，不仅受生理和心理成熟度的影响，而且受个体社会化的影响。所以说职业生涯规划是一个系统工程，需要从学校到家庭再到社会多方面共同配合才能实现。职业生涯规划属于一项长期工程，具有阶段性、系统化的特点，其重点是调整人们的心理。

就高校而言，需要从侧重点和阶段性等方面循序渐进地帮助大学生，具体可划分为如下阶段。

一、职业选择理论

所谓职业选择，就是一个人在选择职业时，以自己的评价、意图和态度为起点，根据自身的才能和对专业的兴趣、爱好、期待等，在社会上已有的职业中选择一个职业的过程。职业选择问题一直受到心理学家和社会学家的关注，并形成了许多有价值的研究成果。职业选择理论主要关注个体视角下的职业行为，关注个人需求、能力、兴趣、人格及其他内在要素对职业选择和职业发展的重要影响。

与职业选择有关的理论大致可分为两大类：一是重视个人特征和职业特征匹配的特质论模式，例如，帕森斯的特质因素理论，霍兰德的人格类型理论等；二是强调由个体内在动机驱动的动力论模型，例如罗伊的人格发展理论。在这些理论的指导下形成不同的职业选择理论，并对社会经济生活产生重要影响。该部分着重阐述了职业选择的一些代表性理论。

（一）帕森斯的特质因素理论

1909 年，帕森斯在总结多年工作经验的基础上，在《选择职业》中提出了特质因素理论（也称为帕森斯人职匹配理论）。该学说以人格结构为基础，强调个体对职业的认知、态度和行为倾向等与所从事的职业有关。特质因素论作为职业辅导的第一个理论，对后来的心理学、社会学研究产生了重要影响，并被广泛运用于各种社会实践中。在帕森斯看来，每个人都有自己独特的人格模式，每一种人格模式下的个体，都有着与之相契合的职业类型。

所谓“特质”，就是个体的人格特征，包括能力倾向、兴趣、价值观与人格等，这一切均可借助心理测验工具进行评量。

所谓“因素”，就是一个人要想在职场中获得成功必须满足什么条件或者具备什么条件，这可以通过对工作的分析来了解。[①]

帕森斯所倡导的职业有以下三个主要内容与步骤。

1．评价求职者的生理和心理特点（特性）

采用心理测验等测评手段进行测量，获取求职者身体状况、能力倾向、兴趣爱好、气质和个性等个人信息，并且通过会谈、考察等手段得出相关求职者家庭背景、学业成绩、工作经历和其他状况，并对这些信息进行评估。

2．分析各种职业对人的要求（因素）

涉及的职业信息主要包括：职业的属性、工资待遇、工作条件和升迁的可能；找工作的最低要求，如学历要求、专业训练水平、身体要求、年龄要求、心理特点需要等；就业前教育课程计划和提供此种培训的教育机构、学习年限、入学资格及收费情况。这些都是决定求职成功与否的主要因素。在对上述因素进行分析的同时，还要为求职者提供相关的职业信息

3．人职匹配

基于对求职者属性及职业指标的认识，选择一个适合其个人特点，又能够使其获得职业成功的工作。人职匹配有两类：第一类是要素匹配（职业找人）。即一个人有多种能力、素质或工作要求，在某种条件下他能够找到最适宜自己的工作，这就是我们通常所说的“人职匹配”。例如，需要有专门技术和专业知识的职业与掌握该种技能和专业知识的择业者相匹配。这种匹配是因人们对不同专业或工作的兴趣程度不同而形成的匹配。第二类是特性匹配（人找职业）。例如，那些敏感、感情丰沛、不守规矩、性格强烈、具有理想主义的人，最好选择艺术、音乐、美术或舞蹈等创作类型的职业。

特性因素论注重个体拥有的属性与职业所需的品质和技能的和谐契合。其核心在于通过分析研究人们在职业选择过程中所应具备的特征来决定是否从事某种工作。在此过程中，人们逐渐认识到人的某些特定的属性与其所处的环境有着密切的关系，从而形成一种独特的关于人的特质学说——特性因素论。我们可以这

① 郑雪．人格心理学[M]．广州：暨南大学出版社，2017．

样认为：特性因素论指导职业选择的根本前提就是要测量和评价人的属性，其最早提出了职业决策中人职匹配这一概念，为人才测评打下理论基础，促进了职业选拔与指导及人才测评工作的应用与开展。

（二）霍兰德的人格类型理论

20 世纪 60 年代，美国职业指导专家霍兰德根据帕森斯的观点，结合那个时代人格心理学的思想，把职业选择看作人格的体现，工作兴趣的类型就是人格类型。人格类型是指一个人所具有的独特而稳定的心理特征和行为倾向，它反映了个人对某一事物所持的态度或倾向性，并能影响到个体其他心理方面的发展。大多数人的人格特质可以归纳为 6 种类型：实际型（R）、研究型（I）、艺术型（A）、社会型（S）、企业型（E）、常规型（C）。工作环境也可以分为与人格类型的分类一致的 6 种类型。①

1. 生涯理论的基础假设

多数个体的人格特质可概括为实际型、研究型、艺术型、社会型、企业型、常规型六种。

工作环境又分为六类，它们在名称，性质和人格类型划分上具有一致性。

人们总是努力地去找能够展现自己专长、反映自身价值并能让人感到快乐的职业。比如实用型人就会竭尽全力找到实用型职业，另一些人格类型与职业类型之间的契合也是如此。

个体的行为表现，是职业环境类型与人格类型互动的产物。人格在一定程度上决定着个体的职业倾向，而职业倾向又影响着个体对职业所进行的各种活动。如果了解一个人的人格类型、职业类型等，我们可以对其职业选择、工作变换和职业成就进行预测、教育。

2. 6 种类型之间的关系

霍兰德用六边形图像来说明 6 类关系：这 6 种类型占六边形的 6 个角，相邻类型之间高度一致，也就是相邻类型之间存在着某种共性。相隔类型间共同点少于相邻关系。这表明人类存在着一种相互吸引、相互依赖的心理机制，这种机制使人们能够彼此接近和靠近。相对类型间的一致性最差。这表明不同类型的个体

① 郑文忠，林培玲，方舒婷，等．霍兰德职业兴趣理论及其应用研究[J]. 兰州教育学院学报，2019，35（12）：165–167.

对他人行为的影响也存在差异。就拿社会型和实际型来说，社会型爱助人，热衷于从事团体工作，重视人际间的交往。实际型的人更倾向于使用机器进行作业，而不喜欢把人群当作工作对象。

霍兰德类型论问世以后，影响十分广泛，在职业指导过程剖析、解释与诊断方面的影响是巨大的，它的理论在心理测验工具编制与使用中得到广泛应用。

（三）罗伊的人格发展理论

罗伊，临床心理学家，她大约于60年代初提出了人格发展理论。她对人格和个体的需要进行研究，并将这些资料应用于分析人类的行为及其心理机制。她关于人格发展的理论是精神分析论、墨瑞人格理论和马斯洛需要层次理论的整合。在她看来，早年经验会增强或削弱个人高层次的需求，进而影响人职业生涯的发展。①

1. 需求满足

罗伊人格发展理论认为，每个人生来就具有扩大心理能量的趋势，这一固有的趋势与个体在儿童时期的不同经历相配合，塑造了满足个人需求的不同途径。在职业生涯规划中，我们可以通过激发学生自身的潜能和自我认知来达到促进学生实现自我价值的目的。而且，每一种方式对于职业生涯选择行为都有着不同的含义。

个体心理能量的运行影响个体需求满足的情况，而且心理能量的取向也受到遗传和环境的作用，尤其是早期所遭受的挫折，以及需求得到满足后的经历与体会，都将极大地影响他们心理需要的发展。

2. 亲子关系

罗伊认为需求满足的发展和个体早期家庭环境以及成年时的职业选择密切相关。他指出，个体的生活环境会影响到他的职业选择，而职业选择又反过来作用于个体的生存和社会地位。比如，在个体成长的过程当中，家里的氛围是温馨还是冷淡，家长对于他们的行为是放任还是控制，这一切均体现在个体所做出的职业选择之中。如果家庭关系处于不正常的状况，那么个体就会产生一些消极情绪或消极反应，甚至可能会导致某些不良社会后果。从家庭状态来看，罗伊把它分成了如下几类：

① 丹建广，张金凤．西方人格发展理论综述[J]．法制与社会，2009（4）：225—226．

第一，关心子女型，这一类型包括过度保护与过度要求。在这种类型下，父母对孩子的爱是一种本能的需要。多半是满足孩子的生理需求和条件。

第二，逃避子女型，这一类型表现为拒绝与忽略。只满足了儿童的生理需求而忽视了心理方面的需要。

第三，接纳子女型，这一类型包括“爱的接受”与“不明确地接受”。前者是对自己的儿女有爱心，后者是对儿女没有爱心或缺少耐心。前者是饱含爱心的家长，不但可以满足儿童的多种需要，而且还可以在孩子成长过程中给予支持和帮助。后者家长采用自由放纵方式，持有听之任之的心态。

3. 职业分类

罗伊指出，通过分析我们选择的工作环境，可以看出我们小时候的家庭氛围。如果小时候生活在压抑、疏远、冲突及缺乏情感交流的家庭里，人们往往会选择以事、物和观念为主，与人打交道比较少的职业；如果小时候生活在温馨、和谐、充满爱的家庭里，人们往往会选择与人打交道的职业。罗伊还指出，父母的教育方式也影响着子女的职业态度，而这种态度又受到多种因素的制约。罗伊将职业划分为服务业、商业交易、商业组织、科技、户外、科技、文化、演艺 8 大职业群组。这些不同的工作类型都需要从业者具备一定的素质和能力，才能胜任各自特定的角色。根据难度及责任要求，罗伊把职业划分为专业及管理高级、专业及管理一般、半专业及管理、技术、半技术、非技术六个等级。

4. 亲子关系与职业选择

在第一种类型“关心子女型”中，家长属于过度保护型的父母，将孩子的生理需求放在首位，却不见得能够满足子女对爱和自尊的需求，孩子们也不一定会展现出社会所认可的作为。因此，这部分孩子在后来表现出较多的人际倾向，而非自我防御心理机制。“关心子女型”中的母亲，则会满足子女教育上的所有需求，但是她不一定能够提供给孩子更高的期望和价值标准，反而可能会抑制他们的自我追求。家长在满足孩子的需要时，常常会附加一定的条件，即孩子表现听话时，或者表现为家长所承认的动作时，孩子的生理需求以及对爱的需求才能得到满足。因此，这类型的子女很容易产生自我攻击的倾向。这样的孩子，尽管人际倾向也很强，但是有时候会出现潜意识的防卫行为，因而在职业选择时偏向于非朝向人群的职业取向。

处于第二种类型“逃避子女型”家长的教养之下，不管是拒绝还是忽略，孩子们需求得到满足的体验都不是愉快的，无论在生理方面还是在心理方面，均存在缺陷，更不用说高层次上的需求了。这样的孩子以后就很害怕跟别人在一起，与其身居要职，不如安身立命，依靠自身努力，获得高层次需要的满足，因而在职业选择时偏向于非朝向人群的职业取向。

第三种类型“接纳子女型”，家庭氛围比较温馨。在温馨和民主氛围中成长起来的儿童，各种水平的需求并不欠缺，在成长的过程中，还可以自主地做出抉择。所以，有些人就会显示出朝向人群的职业方向发展，还有人会在非朝向人群中显示出职业取向，而这都源于非防御心理机制。

所以家长的教养态度对于子女职业选择具有显著影响，应该指导儿童从小培养能力倾向和职业兴趣，这样他们才会形成选择职业的正确思想和能力，亦愿在抉择之后担当重任。

二、职业生涯发展理论

（一）金斯伯格的职业生涯发展阶段理论

美国职业生涯发展理论的开拓者、职业心理学家金斯伯格是通过对人类童年至青少年阶段职业心理发展历程的研究，把个人职业心理发展分为幻想期、尝试期、实用期三个时期。

1. 幻想期

这一时期的孩子已经逐渐对社会角色有了直接的印象，他们有兴趣从事他们常见或者接触过的各种职业，幻想长大要做什么。他们喜欢扮演各种不同职业的人，并希望通过扮演职业来了解和认识周围世界。他们能够充分发挥自己的职业想象力，扮演自己喜欢的职业角色。长大后，游戏中喜欢的人物角色越来越鲜明，他们开始进行服饰搭配，模仿这些人物的语言行动。同时，儿童也逐渐形成一种自我定位、自我表现的能力，并产生职业意识。

2. 尝试期

区别于儿童初期的单纯模仿，11—17 岁，正是儿童走向青少年的过渡阶段。这一时期儿童的身体发育已接近成熟阶段，随着生理上的生长与改变，其心理亦迅速地发展，他们的独立意识与价值观念逐步养成，他们开始对自己的美好未来充满向往。这一阶段，由于身心发育还不完全成熟，他们往往表现出一种叛逆性。随着知识的不断增加，能力也在不断提高，尤其得到某些社会生产的利益、经过生活经验的洗礼，他们开始积极地探索职业问题，能客观地考察自身的情况和能力，开始关注社会职业的声望和需求，等等。

3. 实用期

17 岁以后是从青年到成人转变并走向成熟的年龄，这一时期青年择业的最显著特征是客观性、实践性。

这一时期，个体开始进入社会，实现了就业，能客观地将职业愿望与主观条件相联系，将能力与职业之间的需要紧密联系，协调一致，找准职业角色。随着经济全球化进程的不断加快，人们的择业观念也发生了深刻的变化。他们对于职业的理解更加清晰，从而建立了具体的、切实可行的职业生涯目标。

（二）格林豪斯的职业生涯发展阶段理论

格林豪斯研究人生不同年龄阶段职业发展的主要任务，并将职业生涯发展分为 5 个阶段。[①]

1. 职业准备

主要任务：培养职业想象力，评价与选择职业，获得必要的职业教育。职业想象一般可分为三个阶段，即初步探索、尝试行动和成熟运用。个人在这一阶段所做出的职业选择，是初步选择，非最终选择，以确立个人职业初始方向为主。

2. 进入组织

主要任务：获得理想组织里的工作；通过对该单位的各种资源进行合理利用以达到预期目的。以获得足够数量的信息为前提，尽量选一种合适的、比较满意的职业。现阶段个体获取信息的量与质会对其职业选择产生影响。

3. 职业生涯初期

主要任务：研究职业技术，提升工作能力；认识并掌握组织纪律与规范，逐渐适应职业工作需要，并融入组织；为将来事业上的成功做铺垫。

① 格林豪斯．职业生涯管理（第 3 版）[M]．北京：清华大学出版社，2003.

4. 职业生涯中期

主要任务：重新评价早期的职业生涯并加强或改变职业理想；在选定的职业上踏实工作，做出成绩。

5. 职业生涯后期

主要任务：延续现有职业成就并做好引退准备。

职业发展性理论重视职业发展的成熟度。职业成熟度与职业生涯中的每个阶段都有关系。所谓职业成熟，就是在每个发展阶段完成相应的发展任务，例如，在建立阶段，要通过有效尝试明确职业类型。职业成熟度高者较职业成熟度低者更易获得成功。

职业自我概念是发展性理论中一个十分重要的组成部分。本书主要讨论了发展心理学领域内有关职业自我概念研究的现状与问题，并提出今后可能的研究方向。职业自我概念通过观察工作、对工作认可和个人尝试实践所取得。个体在职业生涯发展过程中会形成不同程度的职业自我概念。职业自我概念属于整体自我概念的一部分，它是个体在其生命过程中确立生涯形态的动力。个体通过对特殊职业类型的选择，来表现与展示自我，实践自我概念。

职业发展性理论是有别于职业选择理论的，它最大的特点是强调了职业类型的选择与生涯形态的确立之间存在着发展的、动态变化的关系。职业选择不仅包括个人对工作本身价值取向的认识与定位，更重要的是还包含个人在职业生涯中不断调整自我身份的努力，以及由此产生的自我实现。在个体成长过程中，每个阶段均有职业发展内容与使命，所以职业选择不是大学毕业后才会遇到的问题。

（三）舒伯的生涯发展理论

美国学者舒伯根据自己“生涯发展形态研究”的结果，将生涯发展阶段划分为成长、探索、建立、维持与衰退 5 个阶段。①

1. 成长阶段

孩子的自我概念从这个阶段开始逐步形成，孩子开始借助多种方式表现需求，并在不断地与世界接触之后，调整自己的角色定位。这一阶段的开发任务如下：树立自我形象，培养正确的工作心态，重视工作的价值。

---

① 胡月芬．舒伯的生涯发展论在高校大学生职业生涯规划教育中的应用[J]. 开封教育学院学报，2016，36（4）：173—174.

2. 探索阶段

这一阶段青少年在学校活动、社团休闲活动、打零工之类的过程中，进一步探索了自我能力、角色和职业，所以择业的弹性比较大。此阶段学生已初步具备一定的职业技能和工作经验，开始考虑自己未来的职业生涯，但还没有明确具体的方向。因此这一阶段的主要发展任务，就是要将职业偏好逐步具体化、特定化，达到明确职业偏好的目的。

3. 建立阶段

在前一阶段的尝试后，求职者基本上能确定其职业生涯的地位，并在 31—40 岁时开始考虑如何保住这个位置并固定下来。这一阶段的发展任务，就是稳固地位。

4. 维持阶段

个体仍然想继续保持自己的工作地位，同时面临着来自其他人的挑战。当一个人完成一个新任务时，他将对自己进行重新定位。所以这一阶段的发展任务就是要保持现有的成绩和地位。

5. 衰退阶段

由于生理和心理机能的日益下降，个体必须直面现实，由主动参与转为退隐。在这一过程中，个体会经历一个由不适应向适应转变的过渡时期。这一阶段通常侧重于寻找不同的途径来取代并满足需要。

在职业生涯的不同阶段中，有些具体的发展任务是必须实现的，每个阶段都需要达到某种发展水准，即成就水准，而前期发展任务能否实现，与后期发展密切相关。从这一意义上说，每个人都处在不断的适应期之中。例如，某大学一年级学生，一定要顺应新角色和学习环境，体验“成长”与“探索”的过程，一旦适应模式相对固定，在适应大学的学习生活后，将再一次面临另外的阶段，为找工作做准备。因此，每个阶段都是不同的历程，每一时期所遇到的问题也不一样。原来已适应的习惯将渐渐式微，随后，这一新阶段的使命开始历经成长、探索、确立、维持和衰退，如此循环往复。

舒伯关于职业生涯发展阶段的理论是比较全面和完备的，不仅解释了个人特征和职业匹配这一动态过程，并且会限制个体择业与成长的心理因素、社会因素的有机组合，因此研究职业生涯发展有很高的理论与实践价值。

第三节　大学生职业规划设计原则与方法

一、大学生职业规划设计的原则

（一）客观性原则

大学生职业规划设计应符合客观实际，包括符合个人条件实际情况和社会职业发展实际情况。职业规划设计，应力求客观。大学生职业规划设计过程中遵循客观性原则的要求如下。

应该综合考虑现实环境和个人条件的制约。

客观评价自己的智商、情商、专业特长、个性特点以及优缺点等。

抛开个人喜恶，客观评估职业环境因素，如家庭、经济、文化等，正视职业现实矛盾和矛盾所孕育的发展机会。

每一个大学生在毕业进入社会时，都想要大显身手、有一番作为，但是应客观地认清现实、分析条件、制定目标，不能不切实际。

（二）优势性原则

大学生科学进行职业规划设计，应最大限度地发挥自己在职业发展中的优势，这就是职业规划设计的优势性原则，该原则既体现了职业发展人尽其才的要求，又体现了大学生对自己、对社会负责的精神。

大学生职业规划设计过程中想要遵循优势性原则应做到以下几点。

培养良好职业素质，大学生应重视培养自己的生理素质、思想道德素质、心理素质、科学文化素质等。

了解特殊岗位对从业者的特殊素质要求。大学生在择业过程中应对自己感兴趣职业的职业素质要求有清楚的了解，以便于提前做好准备，这样才能在机会来临时抓住机会。

大学生应正确认识自己的优势，这种优势应与具体职业要求做比较，与其他待业大学生和初入职场的人做比较，不能自以为是或妄自菲薄。

（三）持续性原则

职业生涯规划是一个涉及不同要素及时空概念的系统工程，大学生从校园走向社会，要在社会环境中连续工作几十年。职业规划应该涵盖人的一生，并非某一阶段的安排。

大学生职业规划应该是关乎整个人生的规划，并且应是涵盖一生的长远规划，在制订职业生涯规划时必须要考虑到整个职业生涯的发展。

大学生职业规划设计过程中遵循持续性原则应做好以下准备。

掌握职业生涯发展的一般规律和特点。

了解职业生涯发展阶段理论，各职业发展阶段的规划应该与人生总规划一致，不能摇摆不定，否则会浪费很多人力资本。

（四）前瞻性原则

大学生职业规划设计是在正式进入岗位前进行的。职业规划设计的内容是先于具体职位工作开展而发生的，职业规划具有提前性，大学生要想实现对未来职业发展的科学规划，就必须要有预见性，在职业规划设计中体现前瞻性。

大学生职业规划设计过程中遵循前瞻性原则应明确以下几点。

好的职业规划设计，应有长远眼光，能考虑 5 年、10 年，甚至更久时间内自我的职业发展经历。

要有透过现象看本质的能力，大学生进行职业规划设计，不能被眼前的某些现象所迷惑，不能仅计较当下的得失，要有战略目光。

充分挖掘自己的潜力和潜能，从容应对社会的发展变化。

借助现代预测工具，对自身和社会发展趋势进行科学预测，无论是选择热门行业与岗位，还是选择冷门的行业与岗位，都应有符合自身发展的充足理由。

（五）实用性原则

大学生职业规划设计的目的在于指导大学生科学择业、就业、创业，因此，具体的职业规划设计应具有实用指导价值，体现出实用性。

大学生职业规划设计过程中遵循实用性原则的要求如下。

职业规划设计应讲求简便易行。

职业规划设计应力求简便、简单，抓住要点，一目了然，避免长篇大论，避免讲空话、套话。

职业规划应目标明确而且具体。如“成为一个管理者”是不具体的目标，而“掌握服装设计基本流程，能独立担任一条生产线的服装设计”就是具体的目标。

对所设计的职业规划目标，设计可以量化或评估的指标，如时间限制、岗位提升、薪资水平等。

（六）挑战性原则

规划的目标或措施要具有一定的挑战性。大学生职业规划设计的挑战性原则具体要求如下。

目标要高低适当，通过努力就可以实现。目标过低，没有努力积极性；目标过高，容易受挫进而打击积极性。

阶段目标与终极目标相结合，善于制订具有挑战性的小目标，通过一个个小目标的实现来达成更高的目标，不要在一开始就制订终极目标。

（七）发展性原则

大学生职业规划设计应充分考虑到自我职业发展，坚持发展性原则，促进自我人生价值的实现，具体来说应做到以下几点。

职业规划设计，应充分考虑择业方向是否有利于自我发展。

推测职业的发展前途，职业能否满足自己和家人的生存的基本需要，在此基础上，判断该职业能否满足自我发展需求与实现个人价值。

排除时尚、从众、利益等干扰因素，寻求适合自己的职业发展道路。

（八）独立性原则

大学生从生理上和心理上都已经为成年人，因此，大学生所做的一切决定都应该对自己负责，而作为成年人，大学生也有能力为自己的未来发展作出决定。

这里所强调的是，大学生在择业、就业、创业过程中，会征求家人、亲朋好友、老师同学、专家学者等各类人的意见和建议，这些意见和建议固然有非常大的参考价值，但是，大学生要选择哪个行业、走哪一条职业发展道路，最终要由大学生自己来决定，自己拿主意，把握命运，毕竟只有自己才最了解自己，大学生需要为自己所作出的人生决定负责，并应慎重做决定。

（九）终身学习原则

“活到老，学到老”不仅适用于学习，而且也适用于其他方面，在职场中也有很多知识、技能需要学习，大学生进行职业规划设计，不能仅满足于一时的成就，还要有不断奋进的心，有不断学习的终身学习意识。

现代社会，科技发展日新月异，是提倡学习型的社会，整个行业和企业发展环境是要求行业创新、企业创新的，各种职业都对个体提出越来越高的知识和技能要求。如果大学生在职业发展中“安于现状”，则很快就会在市场人才竞争中被淘汰。因此，大学生在规划职业生涯时应该加入持续的教育和培训的内容，不断提升自己、不断增强职业竞争力。

二、大学生职业规划设计的方法

（一）SWOT 分析法

SWOT（Strengths Weaknesses Opportunities Threats）分析法最早由哈佛大学的安德鲁斯教授在 1971 年提出，安德鲁斯教授对企业的竞争环境进行了内环境和外环境、优势和劣势的分析，并指出企业要发展就必须结合自己所处的环境、优劣势制订适合企业发展的战略，这种为企业中长期发展制定战略的方法就是 SWOT 分析法。①

一般来说，S（Strengths，优势）、W（Weaknesses，劣势）属于个人因素，O（Opportunities，机会）、T（Threats，威胁）属于外部环境因素，SWOT 分析法旨在将个体或组织所面临的各种因素都罗列出来，并根据一定的次序将其排列成矩阵形式，根据分析得出结论并制订相应发展策略（表 4-1）。

① 本书编委会 . 现代管理词典 [M]. 武汉：武汉大学出版社，2009.

表 4-1　SWOT 分析法

	S	W
O	SO：核心发展型策略 S+O= 分数相乘 具象事件	WO：弥补战略 长期持续提升方面 劣变优
T	ST：短期不考虑，少费精力	WT：防御风险 改变弱势

利用 SWOT 分析法设计职业规划，具体分析如下。

1. 大学生职业优势分析

大学生的职业规划设计，分析自己的优势，可以从以下三个方面进行。

经历和体验：如曾参与或组织的实践活动、获奖经历等。学到的知识：学科专业知识、其他知识。成功点：做过的有成就的事，分析成功的原因。

2. 大学生职业劣势分析

大学生的职业劣势分析应重点放在以下两个方面：一方面，分析自己经验或经历中所欠缺的方面，如经验、经历；另一方面，分析自己的性格弱点。

3. 大学生职业机会分析

机会是个人的外部因素，对大学生的职业发展来说，包括新职业、新行业、新需求、外国市场壁垒解除、竞争对手失误等。大学生应重视分析哪些因素对自己是有利的，哪些对自己的职业发展有帮助，并且这些帮助作用能持续多久。

4. 大学生职业威胁分析

大学生职业发展所面临的外部威胁因素，主要包括：其他大学生竞争者、替代职业增多、行业政策变化、市场需求降低、用人单位变故、突发事件等，对这部分因素，大学生应做好应对准备，争取顺利就业。

（二）“五步法”

在职业规划中，“五步法”是经常用到的一个职业规划设计方法，该方法基于有关五个“What”的思考模式，对个体职业发展规划过程中所遇到的问题进行提问，通过对这五方面问题的分析，来确定自己的未来职业发展方向与目标。

职业规划的“五步法”所涉及的五个问题具体如下。

What are you？（你是谁？）：分析个人兴趣爱好、性格倾向、身体状况、教育背景、专业特长、经历和思维能力。

What do you want？（你想做什么？）：分析个人的学习目标、职业目标、终生理想。

What can you do？（你会做什么？）：总结个人已经确定了的能力和自己认为能够开发出来的潜力，了解自己的职业能力。

What can support you？（环境支持或允许你做什么？）：了解职业发展的环境因素，趋利避害，科学地进行职业生涯规划。

What can you be in the end？（你的职业与生活规划是什么？）：在明晰前面四个问题的基础上，构建个人的职业规划框架，为将来的职业发展做好充分的准备。

（三）橱窗法

橱窗法可帮助大学毕业生在职业规划时进行正确的自我认知，它是一种借助直角坐标不同象限来表示人不同部分的分析方法（图 4−1）。

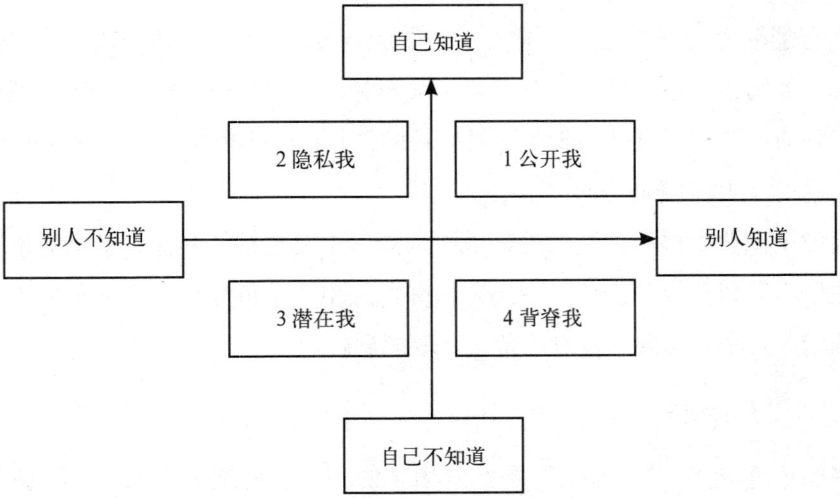

图 4-1　橱窗分析法

具体来说，大学生可以通过自我不同属性的横坐标和纵坐标来对自己有不同的认识，结合具体的自我认知判定自己的职业规划是否与自己的知识、能力、阅历等相符合。

（四）360°评估法

大学生进行职业规划还可以采用360°评估法，360°评估法是经常被用到的评估方法，它源于被誉为美国力量象征的典范企业英特尔的“360°绩效考核评价模型”，又称“多渠道评估法”，是指通过自我、家人、同学朋友、老师领导等进行评估，收集与自己关系密切、不同层面人员的评估信息，全方位地评估自己。有助于大学生全面、客观地了解自己的个人特质、优缺点等信息，为自己的职业规划及能力发展提供全方位的参考（图 4–2）。

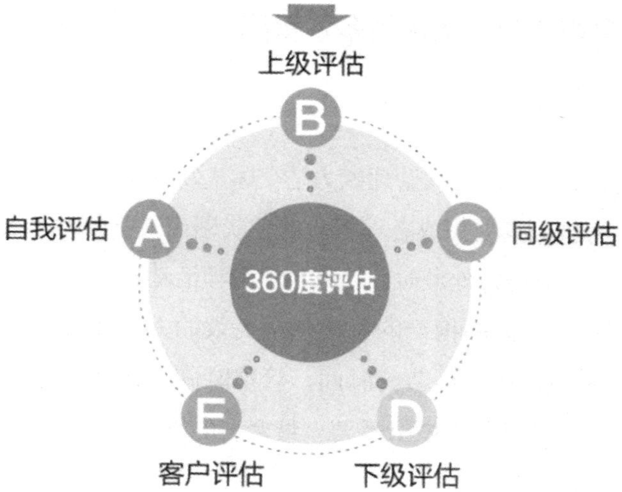

图 4-2 360°考评图示

（五）“思考圈法”

“思考圈法”是一种职业生涯规划常用的理论方法，在我国香港高校大学生的职业规划设计中经常使用，该理论以循环思考来表述职业生涯规划，阐述了影响职业生涯发展的六要素之间的往返循环关系。

大学生进行职业规划设计，应时刻注意对影响职业发展的六要素进行思考与分析。

“身在何处”——了解目前情况以及存在的差距。

“何以至此”——分析导致现状的主客观原因。

“欲往何方”——找出最优临时决策，思考并明确就业目标。

“有何资源”——精心搜索和综合选择，整合与职业目标一致的有效资源。

“何以前往”——设计可达成目标的可行的措施与策略。

“可知到达”——选择和目标对比，分析差距，总结经验，为下一循环奠定基础。

第四节　大学生职业规划设计实施

一、大学生职业规划实施的基本保障

（一）学会时间管理

对于个人来说，良好的时间管理能力是个体成功的重要基础。大学生职业规划的实施应分清所有规划需要完成各项任务的主次顺序，集中时间去解决主要问题，按照事情的轻重缓急分配好处理时间，以确保各项活动能科学、合理、有序开展。

有调查表明：一个效率糟糕的人与一个高效的人工作效率相差可达 10 倍以上。对于大学生来说，要学会节约时间、管理时间，有效利用时间，劳逸结合，不断充实自己，并花费时间去做最重要、最紧要的事。

（二）学会自制

对于大学生来说，应该有“今日事今日毕”的意识，有良好的自律和自控意识和能力，否则再完善的职业规划书如果不能有效执行、坚持执行，就不能取得预期的效果，而且还有可能让大学生丧失眼前的就业机会。

（三）善于调控情绪

情绪是人对事物的一种直接的本能的情感反应，主要受心理素质的影响。个体的情绪对个人的成功影响颇大，过激的或不良的情绪往往会置人于不利境地。

大学生要想更好地实施职业规划，就必须要有良好的心态去面对职场，在职业发展中遇到一些困难和问题时，要学会冷静分析、积极面对挫折，自我调节情绪，不断提高心理素质，只有这样才能更冷静地去思考、做正确的决策、实施正确的行为。

大学生如果在职场中不能很好地控制自己的情绪，遇到一点事情就情绪激动，甚至大发雷霆，或沮丧失望，那么将错过很多发展机会，终将一事无成。

情绪管理的方法有很多，大学生可以结合实际情况选择以下方法中的一种来控制情绪。

暗示法：通过语言和心理暗示，缓解不良情绪。

转移法：将注意力转移到其他事物上去，使情绪平复。

宣泄法：通过健康的渠道宣泄，如呐喊、健身，不能干扰或伤及旁人。

自我安慰法：为合乎内心需要的理由来说明或辩解，避免精神崩溃。

交往调节法：主动找人交流思想、沟通情感，增强自信，理智应对不良情绪。

情绪升华法：改变不被社会所接受的动机和欲望，而使之符合社会规范和时代要求，如受挫后不是气馁，而是积极进取证明自己。

（四）避免急于求成

现代大学生往往在毕业走出校园之后满怀热情、满腔抱负，在职场发展过程中恨不得今天努力工作，明天就能见到成效，后天就能晋升，而实际上，在整个社会中，各行各业，要做出一点业绩来都是一件很不容易的事，需要有长期坚持的耐心和毅力，大学生对这一点应该有清楚的认识，职业规划的目标并不是很容易就能实现的，尤其是较高的职业发展目标，需要大学生付出较多的时间、精力、努力与耐心，只有坚持不懈才能有所成就，在职业规划实施过程中，大学生应切忌急于求成。

（五）有坚定的信念

大学生对自己制订的职业发展规划，应具有自信，对选择的职业方向和制订的发展措施有坚决执行的信念，不能轻言放弃，当前有很多大学生在求职过程中往往是因为缺乏自信、缺乏坚持而错失了良机。

（六）有效、高效行动

有效的行动能确保已经制定的各种职业规划措施与方案能够最大限度地得到落实与开展，有助于职业发展目标不断实现。

对于大学生来说，要想在复杂、激烈的社会竞争中保持持续较高的职业竞争力，就必须行动有效、高效，将主要的脑力、时间与精神等最大限度地集中到职业目标实现上，而不是耗费在无谓的事务上，在日常学习和工作中，要避免无益于目标活动的干扰，要做到专心致志地为实现职业发展目标而奋斗。

经调查，被许多企业、职业人所认可的一种高效的行为管理方式为GTD（Getting Things Done）方法，这是一种简单易操作的行为管理模式与方法，能够将焦点信息分门别类、清晰明确地保存在一个完整的系统中，有助于个体集中资源解决重点工作，从而根据所处的环境和时刻采取最高效的行动方案，确保行动的高效性。

二、大学生职业规划的评价

自我评价是以个人的价值观念及个人知识能力的水平来进行的评价，大学生进行职业规划发展的自我评价有助于大学生了解自己目前所处的位置，明确未来发展目标，科学制订职业发展目标。

（一）自我评价的内容

大学生在实施职业规划过程中应明确以下几点。

第一，自己的才能是否会得到充分施展。

第二，对自己未来职称、职务、工资变化是否满意。

第三，对处理职业生涯发展与他人关系是否满意等。

（二）自我评价的方法

1. 总结经验法

通过对以往自己的为人处世态度、行为等方面进行总结分析，分析自己取得过哪些成功，哪些不成功，原因是什么，除了客观因素外，自己存在哪些优势与不足。

2. 心理测验法

通过必要的心理测验，来了解自己各方面的优势与不足。在个人综合特点与职业选择方面，还可以通过评估来确定自己最适合的“人职匹配”的职业方向与目标。

3. 他人评价

在与人交往中，大学生可以通过家长、老师、同学、朋友对自己的评价和态度对自己有一个更加全面、客观的了解与评价。

4. 专家咨询

大学生可以到就业指导中心、专业咨询机构进行咨询，为自己的职业发展提供更加专业的意见和建议。

第五节　大学生职业规划设计教育

职业生涯规划，主要指当个体对其实际技能有一定的了解，可以充分客观地进行自我定位和自我分析，并在此基础上为其今后的发展提供便利条件时，制定职业发展的目标与规划，并且实施其工作计划来达到目的。

一、大学生职业生涯规划设计教育概述

职业生涯规划设计教育，主要是帮助学生认识职业的主观和客观条件，并对其作综合测定与分析、归纳，在此基础上更有效地明确职业奋斗要达到何种目的，并能推动学生为达到职业目标进行全面规划的教育活动。在大学阶段开展职业生涯规划设计教育具有非常重要的作用，它对于促进学生的健康成长与成才以及学校的人才培养都有着积极的意义。职业生涯规划的主要目的在于能使学生在今后的工作中得到更大的发展，从根本上说，就是要促使人们得到全面的发展，并能更全面地提升个人素质，让自身所拥有的能力更适应社会对人才的需求。因此，对于当代大学生来说，加强职业生涯规划方面的指导是非常有必要的。当前，高等教育越来越普及，大学生应有更清晰的职业规划，将来才能有一定的竞争力。在此背景之下，很多高校开始重视对大学生的就业指导工作。然而当前我国在该领域的教育却相对滞后，也成了导致我国大学生就业能力薄弱的一个主要因素。因此，本书对大学生职业生涯规划设计教育现状进行了分析，并且认识到其问题所在，探讨对大学生进行职业生涯规划设计教育的有关对策，对于提升我国大学生的就业能力有着十分重要的作用。

二、大学职业生涯规划设计教育现状

在国家重视、社会需要的情况下，多数学校都已逐步开设职业生涯规划课程，并做过一系列的尝试，然而，职业生涯规划教育作为一门较为典型的外来学科，在实践中，无论是在教学目标定位上，还是今后课程发展以及教师资源等方面均存在着一些问题。

（一）教育理念不足

大学职业生涯规划教育课程在我国起步较晚，并未得到根本关注，随着社会经济不断向前迈进，人们越来越重视个人素质和能力的提升，这就使得对大学生进行职业生涯管理成为必要选择。但是，许多高校在对大学生进行职业生涯设计时，往往是根据学校所制定的计划和方案去开展工作，很少有专门针对大学生的职业咨询与辅导。这就使得许多学校的职业生涯规划教育缺乏针对性与专业性。虽然也有不少高校大学生进行了职业规划，但却只停留于书面报告的水平，在实际应用中很难起到较大效果。这也说明职业生涯规划的教学还不是很完善。站在学生角度，有不少同学对于职业生涯规划的功能的认可程度也不是很好。另外，当前我国大学生的学习环境较为复杂，导致学生对于职业生涯规划的了解程度不高，并且还不能很好地利用职业生涯规划来提升自身综合能力。因此，职业生涯规划课程授课教师应该具备职业生涯规划以及其他各项知识理论，通过问卷调研的方法来了解当前我国大学毕业生就业中所面临的问题及原因，从而进一步分析大学生对于职业生涯规划的认识程度。很多学生都不知道应该如何进行职业生涯的设计，这也就导致大学生们对于职业生涯的发展方向不是十分清晰。大学生能否依据自身实际情况，结合客观条件，完成其职业生涯规划，并设定相应目标至关重要，对于他们今后的人生轨迹，极有可能产生一定的影响。

（二）专业化师资不足

职业生涯规划教育属于专业性、综合性比较强的课程，给教师提出了很高的要求。因此，在高校中，需要配备专门的指导教师来帮助学生进行职业生涯规划。指导教师在教学过程中，必须知道学生所学专业有哪些，有哪些特征，并了解与本专业有关的法律和政策等。这样才可以通过一定的途径来让学生知道自己将来从事的工作与所学到的专业知识之间的关系，从而确定今后应该怎样去发展自己。

还要对与职业规划有关的心理学、教育学及其他专业内容有一个初步的认识，特别是人力资源开发方面的相关知识和一些较为科学的测评手段。另外，还要熟悉大学生就业市场情况及毕业生求职技巧，这样才能顺利地进行学生职业生涯规划辅导工作。当前我国高校在对学生进行就业指导过程中，所聘教师多为有关专业教师，也有辅导员兼职，很少有较专业的职业生涯规划师来完成相关教学任务。这与职业生涯规划教育的基本理念相悖，因此，需要对当前我国的大学生就业状况进行分析，提出开展大学生职业生涯规划指导工作的建议。我国曾经提出过较为明确的规定，各院校须按教师与学生 1 ∶ 100 的比例配备专业就职指导人员。也就是说，学校需要配备一定数量的专业指导人才来帮助学生进行个人职业规划。但目前，各大学很难达到这样的标准。究其原因，主要是很多人并没有真正理解职业生涯教育规划的意义所在，并且缺乏必要的专业知识和技能。

（三）教育内容和形式单一

职业生涯规划教育的综合性、实践性比较强，高校在当前所设置的包括职业生涯规划在内的各类课程中，比较注重理论课程内容的设置，虽然采取了解释大量案例与材料的教育方法，但是数据较为陈旧，很难满足当前社会的要求，课程内容既不科学，也不系统，教育形式常以“填鸭式”居多，教师在进行知识传授和讲解时，都会采取较为传统的教学方式，相对来说，欠缺针对性和实际意义，不能增强学生的参与感，而且实践环节执行不到位，所有这一切，都极有可能挫伤学生参与的积极性。由于很多大学生自身对于专业理论知识掌握得较为扎实，但是并没有深入地进行相关技能训练与提升，因此学生也是被动地吸收部分知识，很难将知识用于实际求职。部分高校的职业生涯规划教育对于学生来说并没有足够的吸引力，很多学生只是把理论知识当作一种工具来记忆，很少去思考如何才能更好地进行工作。他们对职业生涯规划的特定意义也缺乏认识，在学习的过程中缺乏动力，很难提升就业能力。

三、加强大学生职业生涯规划设计教育的对策

（一）强化课程学习意识

若要促进大学生职业生涯规划课程教学效果的提高，需要提升大学生对职业

生涯规划的认识。第一，学校对这门课必须重视起来，借助科学手段改进课程，无论是在课程的设置上，还是对教学的各个方面，都要进行充分、科学、有序地管理；第二，需要更有效地强化职业生涯规划、教育等方面的宣传，可在校园内进行一些演讲，邀请专家学者进行辅导，也可采取不同的方式，如职业生涯规划大赛等，大力弘扬职业生涯规划的内涵与意义；第三，还应加强学生对职业生涯规划的认识。应对高校课程进行改革创新，以提高学生对职业生涯规划重要性的认识程度。

（二）构建科学的职业生涯规划课程体系

职业生涯规划教育具有一定的系统性。我国目前高等教育改革不断推进的趋势对高校大学生的职业生涯规划教育提出了新要求。要想在课程方面建构一个比较科学的系统，既要全面地把职业生涯规划融入高校的正常教学中，又要在整个教学活动开展期间进行有效引导与监督，对教师和学生进行一定程度上的指导，促使其树立一个良好的职业思想和价值观，为今后更好地适应社会打下坚实的基础。同时还要依据职业生涯规划教育内容与目标，针对各年级学生特点，形成含有职业生涯规划理论课程、文化素质课程和实践活动课程在内的职业生涯规划教育课程体系，使学生通过学习课程，确定自己的发展目的，并认识到自己的成长与职业生涯规划之间的联系，让学生建立起相对科学的前景认知，增强自我认识，让学生在职业生涯的发展中，学会对不同要素进行剖析，形成正确态度，让学生具有相对正确的职业发展观、职业道德、团队合作意识与精神，使得自身的竞争力得以全面提升。

（三）建立高素质师资队伍

当前我国高校的职业生涯规划教育师资水平参差不齐，存在着一些问题，这些都对大学生进行正确的职业生涯规划造成了影响。在大学生树立对职业生涯规划教育的认识过程中，教师的指导是不可缺少的重要环节，教师要保证职业生涯规划教育可以向着更专业化的方向持续发展。高校应重视对教师队伍进行规划和管理，并将其作为一项重要工作来抓。同时还应该通过多种途径对高校内的教师进行培训。还可聘请部分人力资源开发方面的专家学者，采取更加有力的举措，培养出更加专业的教师。除此之外，学校领导一定要重视职业生涯规划教育课程的教学，对于在职业生涯规划教育和在科研过程中获得成果的教师，在评职称和评先进方面应给予一些优先政策，激发教师对此类专业的热情，从而确保教师团队的发展能越来越稳固。

随着我国高等院校的扩招，高等教育体制改革的进行，大学毕业生数量每年都在增加，随之而来的是就业竞争压力不断增大。很多大学生缺乏明确的职业目标和规划，导致其无法实现自身的人生价值，进而影响他们今后的工作与学习。很多同学在大学里并未进行充分的职业生涯规划，致使其在今后的发展过程中，到处都会遇到阻碍。同时，很多高校学生对自己今后的职业生涯缺乏正确的认知和规划。所以高校一定要注意这一方面，及时采取适当措施，以此来督促大学生今后的成长，使其得到更大的助力。

第五章　大学生创新创业教育

自主创新创业是国家经济发展之源，是民族复兴的灵魂。如今的中国，大众创业、万众创业已经成为时代发展的潮流。这就需要各大高校选准教育体制改革发展定位，不断加强大力开展高校创新创业教育改革创新的责任心、危机感，进一步提高人才培养模式，为大众创业、万众创业培养更多的优秀人才。本章的主题是在校大学生创新创业教育，将从高校创新创业教育的内涵、高校创新创业教育的意义、高校创新创业教育的发展、高校创新创业课程的设置四个方向进行阐述。

第一节　高校创新创业教育的内涵

一、创新教育、创业教育与创新创业教育

（一）创新教育与创业教育

创新教学是创业教育的前提，我们在开展创业教育时首先要使学生具备创新精神、创新思维能力，培养创新性人格特质，锻炼自主创新能力，在这个基础上，还需要教授给学生必需的创业知识技能，练习其销售、市场开发与运营能力，锻炼塑造其创业意志品质。从某种意义上来讲，创业教育是创新教学的进一步发展和实践化，它在一定程度上直接反映了社会经济发展的要求，创业教育的实践有益于改变大学生的就业观，通过创业提升社会就业率，为社会安定作出贡献。两者之间也是有区别的，创新教学看重的是对个体发展的整体掌握，更侧重于创新思维能力的开发。而创业教育则更注重的是如何实现人的个人价值，偏重于实践活动能力的塑造。所以两者的共性要远大于个性。

创新教育与创业教育二者之间具有紧密的联系，它们是两个不能分裂的教育理念，从二者之间的关系来看，它们的总体目标趋向是一致的，都致力于塑造学生的开拓创新精神和实践活动能力，都是当下明确提出的历史性课题研究，同时也是我国大力推进实施素质教育的核心内容。创新创业教育应该是一个统一的系统。只有将我国高校在改革创新过程中出现的创新和创业教育活动统一融合为创新创业教育的新思维、新探索，才更容易科学合理地推动高等教育将来的创新与发展。

（二）创新创业教育

创新创业教育并不是创新教育与创业教育的简单累加，而是在理念与内容上实现了升华的全新概念。创新创业教育的关键在于塑造学生创新创业精神、创业观念，提升学生的创业能力，在创新创业教育中，创新和创业相互影响、相互作用、相辅相成、贯彻始终、共同构成了创新创业教育的核心内容。

二、高校创新创业教育是素质教育的深化和具体化

（一）素质教育

素质教育是指一种以提高受教育者诸方面素质为目标的教育模式。它重视人的思想道德素质、能力培养、个性发展、身体健康和心理健康教育。高校执行素质教育，就是为了全面贯彻落实党的教育政策，将德育作为教育的核心，并在此基础上将培育学生们开拓创新精神及实践活动能力作为教育重点，铸就德、智、体、劳全面发展与知识、技能、能力、素养综合协同发展的，满足未来社会发展需求的高级专门人才。

（二）创新创业教育与素质教育

创新创业教育是现代素质教育在当前这个时代的一种体现，是素质教育在市场经济体制环境下深化推进的时代性反映。通常情况下创新、创业必须具备综合能力强、具有高水平的专业人才，因而，创新创业教育都是基于素质教育的新式人才培养模式，通过以“创新、创业”为中心的素质教育得以实现，是人人参与、多方位覆盖和整个过程围绕不同阶段与环节的一种素质教育。创新创业教育以学

生创新意识、创业意识与创业能力的塑造为基础，并且以学习者的创业能力和协同工作能力的提升为教育方向，从而使得素质教育的时代性总体目标更为实际、更加具有前瞻性。注重创新创业教育与素质教育的充分融合，注重把创新创业作为主要元素融进素质教育，这充分说明了创新创业教育在推动素质教育中的战略功效。

第二节　高校创新创业教育的意义

教学理念必然促进教育实践研究，创新创业教育的实行会对社会经济发展、教育事业发展和个体发展造成深刻的影响。换句话来讲，也就是通过培养创新创业型人才，推动社会的进步与发展，推动教育改革与发展，推动个人自由而全方位地高速发展。

一、社会发展

创新创业教育作为一种文化教育活动，对时代的发展起着重要作用。一方面，创新创业教育可以在无形中提升大学生的劳动技能水平，让学生为就业、创业做充分准备，减少大学毕业到就业这一段时间的空当。现阶段，高校毕业生所面临的一大关键问题便是动手实践能力差，大学生在进入新的工作环境中之后，对新环境的适应能力差，这些也是用人公司十分头痛的一个问题，执行创新创业教育，能够缓解复杂多变的高校大学生就业工作压力，增加就业机会，这会对社会安定、国家经济发展具有重大意义。另一方面，执行创新创业教育能够促进自主创新，提升国家科技创新能力。高校是培养高质量人才的摇篮，是改革创新的聚集地，在我国自主创新创业活动处在活跃阶段的大环境下，高校创新创业教育应注重学生在高新技术领域的突破和创业，并为学生的自主创新创业活动提供资金支持、人力资源适用，让学生有可能将自己的科技创新转化为实际的生产力，从而提升国家科技创新能力。创新创业教育有益于毕业生就业，同时也有助于社会经济的稳定发展，使学生在具有创新意识、创业意识与创业能力的前提下，不仅成为一个知识持有者以及社会财富的创造者，而且成为一个具备开创性的社会经济发展引领者，最终实现经济发展与就业持续增长的双向互动。

二、教育发展

作为一种教学理念，创新创业教育对我国教育体系也会产生更深层次的影响，从某种程度上来讲，它对我国高等教育的持续健康发展起到了积极作用。高等职业教育怎样才能摆脱传统教学理念的束缚，培育出具备创新意识、创业观念和具有较强国际竞争力的创新创业复合型人才，这就需要我们加强对创新创业教育的重视，并积极开展创新创业教育。高校创新创业教育一定要通过建立和专业文化教育相匹配的人才培养方案，具体而言就是形成宽口径、厚基础、综合化的人才培养模式，逐步推进以通识教育为基础的专业教育，让学生的基础知识、能力与素养全方位发展，同时实现学生科学精神与人文素质的深度融合；对现有的专业课程体系进行改革，从具体上来讲就是加强对基础课程的重视程度，并在结合实际教学情况下，有目的地增加选修课的比重，从而实现课程机构的综合化，使学生的知识体系更加完善，以此来实现专业知识技能、教学重难点、情感价值观的有机统一；根据课程内容、教学策略与评价方法的创新，提升课程内容的系统性、前瞻性和实用性，提升教育理念的创造性与参与度，使学生的主体性与内在性获得提高；根据课程管理体系的实践探索，如推行选课制、学分制，使学生的个性与开创性获得充分发挥。

三、人的发展

高校全力开展创新创业教育，有利于在校大学生塑造正确的事业观，同时也有助于大学生形成服务社会主义现代化建设的人生态度和思想；进一步提高大学生服务国家和人民的责任感、勇于开拓的创新能力和善于解决问题的实践活动能力；有利于激发大学生学习积极性和创业激情；有助于促进在校大学生全方位发展和综合素质能力提升。这里说的个人自由全方位地高速发展，一是指人的天赋和性格获得全方位科学合理的发展，二就是指人的个性和才能会得到独立自主的发展。高校创新创业教育要以人为本，强调人的主体性与自由个性，让在校大学生不再仅仅是应聘者，其实在创新创业教育环境下他们首先是工作岗位的创造者。高校创新创业教育协助学生实现职业发展规划，特别是大学期间的发展目标，使学生在学好解决与别人、与团体、与社会之间的关系的同时，提升和强化自身的品格，在未来职业发展过程中，逐渐融入社会，缩短自身实现社会化的时间。高校创新创业教育要重视开发潜力，使学生具备创新性的思维模式，提高想象力、学习能力、适应能力、竞争能力，并在实践的过程中不断完善自身的知识储备，同时实现身心的健康发展。总的来说，大学生在创业教育和创业实践活动环境里，既可以塑造健康心理，又可提升自身的知识与能力，进而有利于个人的全面发展，为促进经济、社会的进步提供充足的原动力。

第三节　高校创新创业教育的发展

一、高校创新创业教育发展历程

大体上说，我国创新创业教育始于 20 世纪末，那时候正处在我国教育发展战略规划转化的转折期，为了使我国基础教育能够更加符合社会主义现代化建设，并结合 21 世纪中国特色教育体系构建的总体目标，我国开始将教育管理的权力下放至地方，扩张高校的办学自主权，充分运用中央与地方对教育事业管理的多重主动性，依照中央集权和地方分权结合的标准，以思想大解放、破除迷信、多快好省为基本方针，通过一系列结构调整与改革举措来转变传统教育管理机制，积极发展我国高等教育工作。在这个时期，人们开始注重学生的主体影响力，高度重视发挥学生在学习中的自觉性和主动性，并且对课程内容、方法和措施推行改革创新，明显提高了教育品质。

在 20 世纪 80 年代初期的时候，创新创业教育思想由西方国家传到我国，举国上下开始倡导创造教育，在这样的社会大环境下，创造学、创造教育相关的期刊陆续出版发行，我国建立了一些高新园区，很多省份争相创立创造学校，创造学类课程陆续在学校开设，大量教育工作人员开始专注于创造教育，这时所提出的创造教育的实质与我们所提出的创新创业教育是一样的，同是为了开发培养学生的创新能力、创造力、创业意识及技术等，但整体而言，社会和教育界对创造教育没能给予应该有的高度重视。

1992 年的邓小平南方谈话促成了一场创新创业的风潮，随着我国改革开放的深入开展，我国教育事业得到了全面、快速的发展，与此同时我国教育事业在发展过程中也深受“科教兴国”“可持续发展”两大战略思想的影响，这在无形中加快了我国高等教育改革的步伐。1998 年出台的《中华人民共和国高等教育法》中明文规定，高等教育要培养具备开拓创新精神和实践能力的高级专业人才；在这之后，教育部颁布的《面向 21 世纪教育振兴行动计划》也明确提出创新创业教育目标及要求，这些法律法规把我们国家的创新创业教育推上了一个新的高度。①

20 世纪 90 年代后半期，互联网创业、政府部门大力支持科研成果产业化为我国创新创业教育的开展创造了良好的外部环境。2002 年，我国教育部将中国人民大学、清华大学、北京航空航天大学等多所高等院校定为创新创业教育的示范点学校，正是在这样的环境下，我国形成了几种典型的创新创业教育模式：一种认为创新创业教育的关键在于培养学生创业意识，搭建创业需要的知识体系，健全学生综合能力，这种模式主要是以中国人民大学为代表；二是以北京航空航天大学为代表的，偏重于学生的创业知识与技能的培养，并借助商业化的运行，在高校中创建大学生创业园区，为学生创业提供资金支持支助及技术咨询的模式；三是以上海交通大学为代表的，将创新教育作为创业教育的前提，注重在专业知识教授环节中培养学生的操作能力，重视学生的素养培养，与此同时建立全天开放的实验中心和创新基地，为学生的创新发展提供必要的资金投入、技术服务的模式。

我国的教育一直以来处在“应试教育”的桎梏当中，传统式的教学方法、课程计划、考试方式、评判标准等统一死板，限制了学生能动性的发挥和思想的扩展，不利于创新思维能力及创业意识的培养和开发。与此同时，近代之后，我国的总体自主创新能力明显弱于一些资本主义国家，从诺贝尔获奖名单中我们不难发现，在这么多的获奖者之中，很难发现一个中国籍的公民，而杨振宁这个美籍华人却能够在美国这个大环境中获此殊荣，这在一定程度上也说明我国现阶段的创新创业教育还处于初期阶段，必须从内部环境下手，进一步完善其有关体系，并制定有效的措施来改革提升。

① 纪宝成．中国教育统计年鉴 1998[M]．北京：人民教育出版社，1999．

二、高校创新创业教育开展现状

（一）学生对创新创业教育的总体认知

一般情况下，我们可以从学生对创新创业教育的认知程度来判断一个学校创新创业教育的开展情况，部分高校在开展创新创业教育时，存在重理论轻实践的情况，而对于创新创业教育来说，创新创业教育课程及实践基地实践操作的直观性较强，学生需求较大，因此学生也更希望学校对此做出改善。

学生普遍认为在创新创业教育过程中单纯由教师传授的理论知识并不能很好地作用于自己的学习，所以适当增加创新创业教育的实践内容更能满足他们对于创新创业教育的需求，同时能更好地激发学生们对创新创业教育学习的热情。

（二）创新创业教育课程开设情况

在创新创业教育过程中，创新创业教育课程开设状况是考察其实施状况最为关键的一个方面。对于创新创业教育课程来说，不同高校有着不同的安排。一般来说，我们大致可以将创新创业教育课程分为辅助课程和核心课程两个方面，核心课程囊括了创新创业者个人的创新创业能力培养等，辅助课程主要包括政策法规、市场需求等外在方面。

高校所开设的创新创业教育课程的内容基本符合学生的想法，但也有少部分学生并不清楚创新创业教育是什么，因此创新创业教育理念还应进一步普及，学校还应加强创新创业教育宣传。

（三）创新创业教育教材情况

教材是根据课程标准编制，反映学科内容、教学依据的书籍。教材是具体的、系统的、完整的知识体系的结合，创新创业教育课程应该拥有一套完整的理论教材，是否具备完善的创新创业教育教材也能够反映出创新创业教育课程是否有效开展。

大部分高校各专业各年级并没有统一的教材，一些高校的创新创业教育课程尚未形成系统、统一的教学体系，同时也说明高校创新创业教育仍处于缺乏统一标准，各自为政的状态。

（四）创新创业教育师资情况

教师对于创新创业教育活动的有效开展起到了关键作用。根据调研机构对高校创新创业教育师资状况的数据调查报告，我国各个高校创新创业教育执行的进程比较快，但还没创建有着专业性创新创业教育师资的教师团队，开展创新创业教育教学的教师以专业教师和承担学生管理工作的教师为主，但是这些教师并不是专业研究创新创业领域的教师，因此课程内容品质的专业性并不是很高。

教师的基本素养一般包括专业知识素质、能力素养两方面。学生认为创新创业教育教师最需要具备的素质是“一定的创业经验”，这表明有一定创新创业教育经验的教师更能理解创新创业教育的意义，也更能把真正对创新创业有帮助的重点知识传授给学生。学生们认为“了解专业领域的前沿信息”和“深厚的专业水平”是创新创业教育教师应具备的能力，这说明学生在接受教育过程中，除看重教师的创新创业经验之外，对教师的创新创业专业知识水平也有很高的要求，对前沿的专业内容更感兴趣，因此创业教育教师应该在向学生传授创业基础知识的基础上，通过各种方式与学生分享最前沿的信息。学生认为“教师的自身素质能力与知识储备”对于创新创业教育教师非常重要，即使具有出色的教学能力，也不一定能让学生学到真正的创新创业知识和技能，因此，在创新创业教育中，教师必须提升自身的素质。

（五）创新创业教育基地建设情况

调研机构通过对较早开展创新创业教育高校的调查得知，各高校在开办各类创业实践基地方面较为积极，一些高校还创办了大学生创客空间。学生对学校创新创业教育基地的认可度也普遍较高。

（六）创新创业教育实践开展情况

虽然创新创业教育实践活动需要一定的教育基地作为媒介，可是有着一定数量的教育基地并不代表创新创业实践活动可以顺利开展，还要进一步研究创新创业教育产业基地的使用情况。科学研究结果表明，创新创业教育实践活动的开展次数直接决定着创新创业教育活动的成功与否。根据调研机构的调查，学生普遍认为创新创业教育实践频次的增加，对他们创新创业能力的提高有所帮助。

（七）创新创业教育成效

创新创业教育开展的效果不仅受开展形式的影响，同时还受创新创业教育开展次数的影响。专业调研组织调查分析结果表明，创新创业教育工作开展的频率越大，学生就越会觉得这对他们创新创业能力提升的帮助很大。但如果每周创新创业教育课程过多的话，也会导致相反的结论，学生们普遍认可的频次是一周两次。

第四节　高校创新创业课程的设置

一、优化课程设置管理

（一）转变创新创业教育理念

先进的教育理念是推动教育改革与发展的原动力。想要实现创新创业教育管理体系的创新，首先要树立科学的创新创业教育理念，并将这种先进的教育理念全面贯彻到人才培养中去，帮助大学生树立正确的创业意识以及强化其创业能力，促使其更好地适应社会发展需求。首先，在设置创业教育课程时，应充分结合学生的实际需求，在可控范围内，允许学生结合自身创业目标进行个性化选择；其次，转变师生角色，既要突出学生的主体地位，又要发挥教师的主导作用，以此增强师生思想共识，为高质量课堂教学开展奠定良好基础；最后，创新和优化教学模式，强化教学过程中的互动性与协作性，以便更好地培养大学生的团队意识和协作精神，鼓励学生自主组建创业团队，有助于大学生经验的累积和创新思维的锻炼。此外，俗话说“读万卷书不如行万里路”，由此可见社会实践对提高学生专业能力的重要性，可以让学生在实践过程中完成理论知识向能力的转化。

（二）辩证看待创业价值

从本质上来讲，创业教育是教育的改革与创新，这在一定程度上也告诉我们推动高校创业教育开展的因素有很多，不仅仅是经济利益，所以如果我们想更好地推动高校创业教育的发展，就需要遵循本质，将创业教育与专业教育进行有机融合，让学生能够以批判的眼光看待创业，从而对创业价值进行辩证思考。众所周知，创业本身存在一定的风险，创业结果无非有两种，要么成功，要么失败，基于大学生个体的差异性，如看待眼光、心理承受能力等多个方面均有所不同，因而并不是每个大学生都适合自主创业。从自主创业角度来看，可以将大学生分为三类：第一，对自主创业有着较强的意愿和需求；第二，将自主创业作为万不得已之选，期望值不高；第三，对自主创业完全没有需求。结合大学生不同的需求，创业教育应实施因材施教，以便更好地满足大学生的多元化需求。针对有强烈创业需求的学生群体，应重点培养他们的创业能力及道德品质等，为其自主创业奠定坚实基础；针对创业意愿不太强烈的学生群体，应重点教授他们创业基础知识和技能，有助于他们由就业向创业成功地转换；针对没有创业需求的学生群体，应当让他们全面了解创业基本知识和创业精神，使其深刻体会自主创业的精神，从而端正其对职业的态度，培养其正确的职业素养。这种个性化教育模式，能够更大地发挥出创业教育的价值。

（三）持续完善创新创业教育体系

根据实践经验证实，想要推动高校创业教育的改革与创新，完善创业教育体系至关重要。首先，完善课程体系建设。在切实遵循相关规定的基础上，根据学生创业的个性化需求，设置独立的创业教育课程体系。该体系的设计可以分为四个部分：第一，向学生传授基础的创业知识，以此培养学生的创业意识，锻炼其创业能力，帮助其树立正确的创业价值观；第二，向学生传授管理类、经济类等专业理论知识，有助于提高学生的创业能力；第三，借助实践活动，培养学生动手操作能力及运用所学知识解决实际问题的能力；第四，开展创业项目，以此培养学生的团队协作意识及创业实践能力。其次，完善实践基地建设。加强校企合作，为大学生创业提供实践平台，让大学生在真实实践中不断累积创业经验，为毕业后的自主创业打下坚固地基。深度挖掘创业实践资源，如鼓励大学生在校内进行创业、支持学生通过网络平台创业，利用一切可利用的资源，为大学生自主创业提供更多的机会与平台，让大学生的创业能力在持续实践中得到良好锻炼。最后，强化师资队伍建设。可以从两个方面着手：一方面，通过对外招聘的方式，引进一批创业教育的专职教师，又或者在条件允许的情况下，派遣专职教师深入企业内部实践，以便更加全面地了解创业的整个过程，不仅有助于提高专职教师的专业理论水平，而且还有助于教师实践能力的提升；另一方面，可以邀请一些企业家、投资家进校担任兼职教师，共同参与学校创业课程建设。最后，为了激发教师工作的积极性和主观能动性，学校应适当提高教师待遇水平，最大限度地降低创业师资队伍的流动性。

（四）完善制度保障体系

首先，组织保障。通过相关调查发现，有不少的高校仍未能理顺创新创业教育管理体制机制，导致学校内部各职能部门间的沟通能力及协调能力普遍偏低，给创业教育的改革与创新造成巨大阻碍。基于此，应由学校高层领导牵头，成立专门的创新创业教育的组织机构，在该机构的领导下，要求各职能部门充分发挥自身的职能作用，组织院校师生开展各种创新创业理论教学及实践教学活动，让大学生在充分掌握创业基础理论知识的同时，更好地锻炼及培养其自主创业能力。其次，制度保障。结合实际情况及创新创业教育需求，制定与之相符的管理措施，进一步完善和优化管理制度，目的是提高大学生对自主创业的重视，从而激发起学生参与自主创业活动的积极性，同时让大学生创新创业活动的开展有据可依。比如，将创新创业实践活动与学生学分相结合，鼓励大学生参加具有权威性的创新创业实践活动，以此提高大学生在创新创业实践活动中的参与度，既可以让学生获得相应的学分，又可以让学生在具体实践中得到有效锻炼，完成理论知识向专业能力的转化。此外，为了有效调动教师指导学生参与创新创业实践活动的主动性和积极性，高校应结合实际情况，制定明确合理的激励制度，使教师通过指导学生参与创新创业活动，不仅可以获得一定的岗位津贴补助，而且在职称评定、教学质量评价等方面获得一定优势。最后，经费保障。为了避免经费挪作他用，必须加强经费管理，提高经费的利用效率，为创新创业教育提供足够的资金支持。积极拓展经费来源渠道，吸引更多的社会资金参与，为高校创新创业教育顺利推进奠定充足的资金基础。

综上所述，对于高校而言，深入推进创新创业教育具有重要而深远的意义，因为创新创业教育不仅是深化高校教育教学改革的重要抓手，而且还有助于培养大学生的创新精神及自主创业能力，促使其在毕业后能够更好地融入社会。目前我国各大高校正在面临转型的关键期，而加快推进创业教育的创新与改革是其成功转型的关键。因此，高校应结合现阶段存在的问题，积极探寻优化策略，全面推动创业教育的改革与创新。

二、转变教师授课理念

（一）回归教育初心

高校创新创业教育应以“以德育人”为基本方针，全面培养具备创新意识、创业意识和创新创业实力的时代新人。创新创业教育是通过教学激发学生创新创业观念、精神，同时不断提升学生的创业能力，推动大学生的独立、全方位、持续发展。回归教育初心，回应好“如何培养人、怎样培养人、为谁培养人”的问题，是高校创新创业教育的核心所属。

（二）统筹全面推进

国家对高校创新创业教育的需求，比以往任何时候都要急切，高校双创教育改革创新背负着高等教育综合改革的希望。从人才培养来看，创新创业教育再也不是无关紧要的陪衬品，反而是塑造一流人才的关键要素；从市场需求看，创新创业教育不再是一种流行时尚的宣传口号，反而是时下实实在在的要求；从全球化竞争看，创新创业教育再也不是奢侈品，反而是必需品。我们应清醒地认识到，我国的创新创业教育起步较晚，仍然存在着核心理念不完善、认识不充足、发展不均衡的问题。在这样的社会大环境下，迫切需要与发展滞后之间的矛盾越来越大，这也是当前我国创新创业教育发展的基本国情，我们只有立足当下的国情，并综合深入推进，才能实现我国创新创业教育的后来者居上。

（三）落实专创融合

近年来，我国关于高校创新创业教育的政策层出不穷，这对我国高校创新创业的开展创造了良好的政策环境，近年来我国也成立了诸多与创新创业有关的组织机构，如双创学院、双创中心等，与此同时，我国创新创业比赛等活动也陆续展开，但是依然有一部分专业老师和学生的积极性没被激发出来，创新创业教育和专业文化教育处于相对分离的尴尬局面。和专业教学的疏远，将创新创业教育变成无源之水，使高校创新创业教育的可持续发展欠缺有力保障。从某种意义上来讲，专业是人才培养的基本单位，专业教育就是高等教育人才培养的重要环节，高校创新创业教育绝不允许摆脱专业教育。只有不断加强创新创业教育和专业教育的结合，方可解决高校创新创业教育落地难、发展难的窘境。

（四）注重开放协同

高校创新创业教育是一种全环节、多因素参加的文化教育，不但包括高校内部教学过程、实践创新、文化艺术活动等众多具体内容，还涉及高校与国家战略、政策导向、机关事业单位等外在因素的相互配合。高校创新创业就是为社会运输更高水平的创新创业优秀人才，因此其教育成果怎样，最后必须由社会检验与验证。高校创新创业教育的课堂教学和教书育人成果，必须由校内校外多方面共同评价。创新创业教育更应当秉持开放分享、协同育人的心态，汇聚、融合创新创业教育因素和资源，创建科学合理联动机制，综合考虑多主体、多种因素的协作运行，打造出较好的创新创业生态环境。当创新创业生态环境和教书育人成果紧密联系、稳步发展时，高校创新创业教育可以说是完善的、成功的。

三、优化课程管理机制

（一）完善组织构架，健全工作机制

现阶段高校创新创业教育课程存在的不足要得以解决，首先要各个高校加强顶层设计，健全组织架构，健全工作机制，加快创新创业课程体系的搭建。

第一，如果我们想要规范创新创业教育课程设置，就需要从高校顶层设计入手，把创新创业教育课程作为必修课程列入培养计划，规定学生务必修够一定学分。与此同时，学校不能简单地使用慕课让学生自学，而是应该开设合乎院校具体情况并契合学生实际特点的课程，建立一支以学校师资队伍为主导，由有创新创业相关经验和经营资质的工作人员辅助的教师团队，真真正正借助“专”和“兼”，打造出多样化的高水平教师队伍。创新创业教育课程要和专业课程深度融合，院校可以建立一支主要由具备一定创新创业社会经验的专职教师组成的教师团队，并对其进行创新创业授课学习培训，那样更有助于创新创业教育结合专业

教育。此外，各二级学院也要搜集与专业有关的创新创业实例，并在此基础上搭建具备自身学校特点、专业特色的创新创业教育课程体系，让创新创业教育课程真正在人才培养中实现其应该有的功效。

第二，建立全过程、全方位的育人管理体系。创新创业教育课程并不是哪个单位、哪支师资队伍自己的事情，而是要全院校各个部门都参与其中，构筑起多方位、全员育人管理体系，各高校可以建立由就业创业指导中心带头，由教务部、学生工作中处、团委、各二级学院等各个部门密切配合、相互协调的创新创业联动教书育人体制，按时研讨交流，对于工作开展状况展开讨论思考，及时处理限制创新创业教育课程管理体系发展的难点、痛点，也只有在各个部门充分协作的情况下，方能举全校之力，共同推进创新创业教育课程体系搭建。

第三，要强化有关激励制度。从学校方面来说，各高校高度重视激励制度的功效，取出专项资金用以创新创业教育课程体系搭建，在年终考核中考评有关创新创业教育的考试成绩，在职称评聘等多个方面优先选择创新创业教育课程的任课老师等。从学生方面来说，高校的学分制改革能够对在创新创业比赛和实践中取得成绩的学生评定学分，同时学校还能够开设创新创业专项资金，用以鼓励学生参与创新创业活动。

（二）改进教学方法和教学内容

首先，重视在教材内容中融进思政教学，高校开展创新创业教育，应引导学生产生正确的择业观和价值观。在这一方面，任课老师要加强引导，精心制作课程，将那些有思想政治教育价值的内容融入创新创业教育之中。其次，不管是哪一门课程，教师都要加强对其关注的程度，积极响应学生的需求，创新创业教育课程也应当由此设计课程具体内容，而并不仅仅是生搬硬套地叙述。最后，要注重将创新创业教育课程具体内容和专业课程内容深度融合，授课内容和形式更重视和专业有关的那一部分，促进学生从所学的专业考虑，从而更好地学习创新创业教育课程。

教学方法的使用必须更为灵活、更加多样化。依据高校创新创业教育课程搭建标准，高校要构筑起分层次、阶段性的课程管理体系，在大一阶段，面对整体学生的课程可以是以大班制课堂教学授课为主导，更加注重教学环节设计，选用灵活变通的教学方法，运用好互联网资源，用创新创业实例创设教学情境，激起学生兴趣爱好。在基础理论课程以外，务必开展与之对应的实践活动，从具体上来讲我们可以让学生分为几个小组，每一组开设不同类型的创新创业实践项目，教师在正确引导学生精心撰写创新创业策划书的前提下，使学生积极主动应用到在实践中去。在大二至大四设置的进阶课程中，必须采用多种形式的教学方法，正确引导学生开展创新创业知识的学习，在这方面我们可以参考 SYB 课程里的教学方法及游戏实践活动控制模块，对学生开展更加专业的创新创业练习。

课程考核机制应该探寻更全面的方法，注重过程式考评，关心学生上课表现，将作业成绩与期终考评紧密结合。在期终考核中，大一基础课程管理体系要把基础理论考评与实践考核紧密结合，并通过此次考核，在大一学生中挑选一部分学生开始创新创业进阶学习，一般情况下进阶学习更为关心学生创新创业实践活动这一部分的内容，而且还可以根据实践过程情况确定学分及考试成绩。

（三）利用好多方资源，共同促进课程体系构建

一方面，要充分运用院校多方面的资源。充分运用校园内第二课堂资源，开展与创新创业有关的文化活动，构建多元化的创新创业实践教学平台，激励学生积极参与各类大学生创新创业活动，并积极夸奖那些表现出色的学生；灵活运用院校有关创新创业的社团资源，同时也要激励学生社团定期组织开展自发性的、多元化的创新创业实践活动；在学校环境合理布局等多个方面融入创新创业元素，构建和谐校园内创新创业气氛，从而促进创新创业教育课程体系的搭建。另一方面，要充分运用本地资源。促进大学生创新创业教育的发展是多方面的责任，换句话来讲，它不仅仅是高校的职责，同时也是政府部门、社会发展的责任和义务，作为高校，要高度重视与当地公司开展协作，激励校企合作办学，开展参与式教学和实践教学；以“互联网 + 高校创新创业”的方式构建创新创业教育服务平台。运用好当地创业大学、创业孵化中心等资源，并与其展开师资力量、技术、场所等方面的深度合作，那些有条件高校还可以创立自己的创业孵化中心，如果条件不允许，高校可以和周边的高校共同出资创立创业孵化中心，完成资源共享；运用好本地校友资源，积极鼓励校友企业为高校提供更多的实践岗位，同时还可以聘用一部分在创新创业方面取得显著成绩的校友出任代课老师，让校友资源在高校创新创业教育课程体系搭建层面充分发挥更大作用。

四、拓宽学习场景任务

（一）“项目驱动”教学建构知识结构体系

通过参观考察、调查等形式搭建真正或仿真模拟项目，让学生在各种项目目标的推动下激起本身学习兴趣，以达到项目目标，从而实现创设知识结构体系、提高学生综合素养效果，这些都是体验学习的核心。

第一，高度重视学生体验创新方式的应用，引导学生形成创意新点子，从而思考将创意新点子转换成实实在在的创业新项目；第二，可以将创意新点子转化为创业项目的体验学习，激起学生的创业兴趣爱好；第三，项目路演规定创业者将自己的项目展示出去，在正式路演准备前，创业者需要明确企业的商业模式、商业愿景等，并将这些以图文的形式展现给大家，这样不仅可以锻炼组员规范专注的能力，而且也能培养出学生的表述和沟通协调能力；第四，设定 ERP 沙盘仿真训练，让小组每个成员具体参加企业运营，第一次担负风险和收益，公司能否生存在于大家是否具备防患于未然、提前安排的观念，对学生而言，这样的体验带来的收获远远高于文本学习与课堂教学带来的收获。

（二）团队合作让学习更高效

不论是创业还是一栋建筑物的竣工，都不可能是通过一个人孤军奋战来实现的。因而，学生在学习的过程中应当紧密联系实际，展开团队学习，并将其作为主要的学习形式，只有这样才能完成项目。团队在课前一起预习、做问卷调查，在课后一起研讨方案、交流心得等，在课堂中要结合课堂教学要求，一起讨论，并汇报当前的学习进度等。

团队式学习有许多的优势，而且这些优势是个体学习不具有的，例如学习培训更有效率、扩展课堂教学以外知识层面更高效，并且也更有助于开展深度学习。因而，在创新创业的体验学习环节中应打破过去以教师、教材内容、课堂教学为核心的教学模式，应深入挖掘课余资源，强化合作学习方法，使学生勤思考、多思考、多表述。从某种程度上来讲，开展团队式学习可以在无形中激发团队之间的良性竞争，从而激活团队潜力。

（三）翻转课堂提升学生自主学习能力

在翻转课堂环境下，教师角色产生了较大的变化，变为学生学习过程的引领者、协助者和策划者。心理研究表明，学习兴趣会对学习效率造成非常大的影响。学生对学习形成充足的兴趣爱好，会主动积极地加强学习这方面的知识并涉足相关的扩展知识。

上课前。教师在课前会采用问卷调查的方式调查学生对教学模式和学习内容的掌握程度，通过分析学习者的特点和教学目标，在有关的平台上基于问题的研究，下达学习任务，并补充相关的学习资源。学生再依据老师公布的提问，用好以上的资源，独立完成课前学习任务，还可以通过平台自行提问，抑或是参加其他同学的提问，并积极讨论，等等。教师则对学生所提问题进行答复，或者对问题的讨论进行鼓励或点评，激发学生参与。

上课中。老师需要完成对学习重难点的梳理，并在此基础上帮助学生理清完整知识体系，使其形成知识结构，并掌握学习方向，引导学生学会解题思路与方法。针对团队任务、展示交流或实际运行的部分，老师们则要公布十分明确、清晰的工作任务，当团队在完成老师交代的任务时，老师可以在一旁进行观察，抑或是对需要帮助的团队给予一定的指导，待工作任务完成之后，教师要依据任务的完成程度、突发情况和展示交流中出现的问题等方面，进行相应的总结反馈。

下课后。教师精心设计互评环节，鼓励学生参加考核，评价有自我评价和小组互评两种方式，互评活动由线上笔记检查、线上作业的考核、参加小组活动的评估等几个方面组成。通过这种形式的互评，不仅让学生掌握了课堂所学知识，而且提高了学生解决课堂中出现问题的能力。互评能提高学生互动次数，加强学生与学生的沟通，学生也可基于同学们的建议或者评价，对自我的学习行为进行反思。此外，在评价过程中，教师应及时对学生进行点评，帮助他们发现自身不足，提高能力。简单地说，课后评价活动就是为了反馈学生学习效果，而且从这些反馈来看，教师与学生均可对教或学进行目的性调整。

五、培养全校文化氛围

（一）完善大学生创新创业文化培育机制的建设

成熟、健全的培育机制，培育大学生创新创业文化，是大学生投身创新创业的坚强保障。在当前形势下，我国应进一步加强对大学生创新创业文化的培养与宣传力度。一是国家政策要对高校创新创业给予倾斜，提出更加具体且指向性更加鲜明的政策和方针，以期造福于更多想创业的大学生；二是需要各级政府对国家有关政策文件进行研究，深入调查本地大学生创新创业的现状，制定更贴近地方实际情况的扶持政策，以此适应大学生创新创业的现实需求；三是针对那些敢于投身创新创业的大学生，高校要放宽对其学籍管理，为他们办理暂时休学，进而为他们创造良好的创业环境，同时高校要制订大学生创新创业的激励政策，对参加创业大学生授予创新创业学分、生活补助与技术指导等。高校要加强创新创业宣传，可以通过学校官网和公众号等途径宣传国家及政府所制定的有关政策方针，让大学生学习到创新创业的最新政策；在日常教育中也要注重培养学生的创新意识，引导他们主动学习新知识、新技能，提高综合素质，以适应社会发展需要。可拍摄并播出弘扬创新创业文化小短剧，或者邀请往届创业成功的大学生创业者，交流成功创业经验，树立创新创业的优秀榜样，倡导创业文化；举办各种形式的创新创业活动，如“双创”大赛、创客空间、创意产业发展论坛以及校园招聘活动等。也可以请优秀企业家到校演讲，讲授创业经验，发扬创业精神。总之，在高校中加强大学生创新创业教育是培养创新型人才的重要途径之一，也是实现“大众创业、万众创新”战略的重要手段之一。通过各种途径，形成强烈创业氛围，引领大学生创新创业。

（二）树立先进的高校创新创业文化育人理念

高校应切实意识到创新创业文化培育在促进学校发展过程中的作用，从根本上改变教学思路，确立正确育人理念。一是把创新创业教育贯穿人才培养全过程，开发创新创业教育专项课程体系，并且把它当作日常课程之一，与此同时课程内容应与时俱进，基于当前社会经济发展现状，以最新政策为依据，以大学生创新创业为背景，结合实际开展教学，以此来培养适应社会发展需要的创新创业型人才；二是加强创新创业师资队伍培育和建设，培育一支具有坚实创业理论基础的队伍，形成创新创业能力强、创业经验丰富的创业教师团队；三是引入专业创新创业教师，为学生进行专业教学，以及定时开展教师创新创业教育培训等，增强教师理论知识与创业实践教学能力；四是组建一支由企业家组成的教师顾问团队，通过他们在创业过程中的真实体验与体会，为学生提供引导。除此之外，建立完善的课后评价体系，对于创新创业课堂中出现的问题，要及时加以解决，从而满足高校创新创业文化发展的需要。

（三）加强高校创新创业文化的基础设施建设

构建完善的基础设施，为高校培育创新创业文化提供物质基础。众所周知，如果没有丰富的物质基础，就不可能培育出创新创业的良好氛围，因此，各级政府及高校应增加创新创业文化的培育经费投入，建设完善的高校基础设施。第一，创业实验室的组建，让大学生们在更职业的环境下从事创业实践与尝试；第二，要树立功能完备、设施发达的创业孵化园，为大学生创业，提供良好孵化环境；第三，各级政府部门、高校要设立专项创新创业支持资金、奖学金等专款专用资金，对参与创新创业的大学生给予较好资助，从而为高质量创新创业项目提供机会。

（四）加大社会支持保障力度

政府应充当好自身在高校创新创业文化培育方面的引领者角色，同时制定更具导向性的创新创业支持政策，协同高校和全社会构建创新创业的文化氛围。各级政府要对社会的各种资源进行整合，打造若干创业文化研究和传播基地，引领大学创业文化的发展。各大公司应寻求和公司专业有关的大学合作，为大学生提供更多的创业实习机会。此外，建立创新创业专项资金，投资建设一批发展前景广阔的创新创业项目，为培育高校创新创业文化提供有力社会保障。

六、融合新兴媒体技术

（一）借助新媒体工具提升教师教学水平

如果教师想要上好创新创业课，就需要认清新媒体工具的重要性，它不仅是丰富课程教学方式行之有效的工具，更是教师丰富自身知识内容、提升教学水平的重要途径。当前，多数高校已经开通教师学习网络平台，平台内多位学科专家共享教学视频，交流先进的教学经验，有助于教师对现有创新创业人才培养方案进行优化，指明了课程教学的方向。

（二）多元化结合新媒体平台

在开展创新创业教学的过程当中，单一平台以及未进行系统管理的多平台，显然均不能满足学生的现实需要，而且也不利于课程教学体系的进一步优化。目前高校已经拥有多个不同类型的网络平台，但其应用还不够完善，尤其是对新技术的整合利用还存在着一些问题。在对这些现有的平台进行维护的前提下，各高校应努力整合上述平台，实现系统化管理，充分发挥并利用好每个平台的自有优势，一方面，可以更加便于学生对信息的获取；另一方面，还能让不同专业的学生根据自己的兴趣来选择相应的平台，从而提高学习效率和效果。此外，高校可在校内创新创业平台上尝试将甄别出的真实、高质量创业资讯进行集中发布，另外也可以建立与其他平台的链接，这样学生就可以在本校的创新创业平台上跳转至其他高校的创新创业平台，从而便于学生通过各种渠道获取信息。

与此同时，还可设置一定的校企合作链接，与本地著名大学生创业企业合作，并邀请他们入驻平台，和同学们进行交流，同学们从交流中得到企业创办信息，还得到进入创业企业实践的通道。同时这些平台还应有专人负责管理和同学进行互动交流和提出建议的板块，使有志于创业的同学能够在交流版块中相互交流经验和资源。除此之外，特别需要注意的是还需在平台中增加法律咨询版块，请专业法律顾问进驻，每周上线1～2天，就同学所提的法律方面问题进行有针对性的解答，从而减少学生因在法律上存在盲点所造成的危险。

（三）结合现状，重视新媒体经济的效应

新媒体工具产生的巨大经济效应，使大家看到希望与机遇，这些都值得创新创业教学关注与反思，我们要坚信，大学生是最富创造力的群体，我们步入了新的时代，创新创业教学不能止步于照本宣科，我们要与时代同步，积极分析新情况，根据大学生实际，力求紧跟当前新媒体的发展。同时还可介绍一些新媒体领域成绩斐然的商业课程，如商业运营、直播运营等，以此来加速教学方式的创新。

总之，当前高校创新创业教育还需一段时间才能逐步健全。在目前的新媒体的大环境中，优化课程教学方式，还有较大的提升空间，所以教师应该把握机会，保持充足的耐心，同时也要不畏惧挑战，在进行创新创业教育时转变观念，积极利用新媒体，多途径、系统性地推动课程体系改革。

七、聚合校内外资源

国内有关高校创新创业教育教学资源的研究尚处于初级阶段，特别是基于高校开展创新创业教育的大环境，研究教学资源的开发，更有开创性意义，不应囿于常规研究方法与框架，而是需要具有新颖且独到的研究视角，为我国高校实施创业教育，开发创新创业教学资源提供范式与参考。

（一）教学资源开发的课程体系建设

课程设置在创业教育中具有重要的作用，它是创业教育改革的关键环节，同时更是基础性的建设目标。课程设置得合理与否，能够影响教学资源能否被充分挖掘。高校有必要对创业教育课程进行合理安排，充分调动所有创业教育相关教学资源，灵活运用到教学中去。课程体系构建应注重创业教育理论性课程与实践性课程之间的结合，切勿使理论与实践失衡发展，在课程设置上还应注重文理课程比例的和谐，只有这样才能让学生受到足够全面的教育。创新创业教育必须与传统的教育模式有所区别，课程设置必须强调实践课程。教师不仅要注重理论知识传授，而且还要注重培养学生的实践能力。广泛搭建实践平台，使学生在经过理论教育后，有一个足够的舞台，通过实践去证明自己学到了什么，以实践来证明理论，以理论指导实践，然后从实践中得到新理论。

（二）教学资源开发的师资团队建设

实现高校创业资源共享，首先要实现创业师资队伍资源共享，通过激励教师跨校互聘、跨校兼课等方式，能够发挥各学校创业教育学科名师优势，使优秀教师变成更多学生的共同财富。高校创新创业教育要求破旧立新、与时俱进，摆脱传统教学模式的限制与束缚。创业师资在高校创业教育的实施过程中占据着主要地位，直接与学生接触，直接给学生带来创业的影响与效果。创业教师及创业师资团队建设优劣对高校创业教育效果影响明显，他们告诉学生用什么方法，带领学生进行创业实训，引导学生进行创业设计、参与创业大赛等，就连他们课堂上、课后的人生观、价值观，都在潜移默化中对学生产生影响。因此，优秀的创业师资团队在创新创业教育教学资源开发中具有非常重要的意义。应当指出，就创新创业教育教学资源发展师资团队建设而言，必须强化创业师资队伍建设质量，无论是引进，还是培养，都应重视创业师资所拥有的丰富专业知识与实践技能，还应重视年龄、资历和学缘结构、职称等诸多因素，应全面考虑，尤其是创业师资应重视学生创业意识与企业家精神的培育。

（三）合理整合和开发创业教育教学资源

高校创业教学资源能否得到充分开发，关键在于高校教学资源是否能得到整合，是否能得到高校利用。对高校创业教学资源进行整合，能够在无形中避免资源浪费，并实现教学资源的优化。在充分围绕创业教育需求的前提下，对文化资源、教学资源与实践资源进行整合，可以营造有利于开展创业教育的文化氛围，建立教学秩序，搭建高利用率实践平台。我们在对教学资源进行整合时不仅要整合高校内部的资源，而且可以对高校间的资源进行整合与共享。破除高校教学资源流通中存在的障碍，公开有关数据信息，高校优质教学资源的共建共享势在必行。

第六章　大学生创新创业能力培养

当前大学生创新创业能力的培养已经成为高校教育的重点工作。在如此严峻的就业形势下，对大学生开展创新创业教育，能够有效地鼓励学生进行自主创业、合理就业，增强学生综合素质，激励大学生不断提高自身的竞争意识，也能够激发大学生的创新精神。本章重点分析大学生创新创业能力培养，将从创新创业能力概述，创新、创业与职业生涯发展，我国创新创业教育发展经验总结与建议三个角度入手。

第一节　创新创业能力概述

一、创新概述

（一）创新的概念与特征

1. 创新的概念

创新（Innovation）一词起源于拉丁语。它原有三层含义：一是更新；二是创造新东西；三是改变。

创新是指人们根据一定目的，针对所研究的对象，运用新的知识与方法或引入新事物，产生某种新颖的、有社会或个人价值成果的活动。这里的“成果”，是指以某种形式存在的创新成果。它既可以是一种新概念、新设想、新理论，又可以是一项新技术、新工艺、新产品，还可以是一个新制度、新市场、新组织。

这一定义是根据成果来判别创新性的。判别标准有两个：一是成果是否新颖，二是成果是否有社会或个人价值。“新颖”主要是指对现有的东西进行变革，使其更新，成为新的东西，即除旧布新，不墨守成规。“有社会价值”是指对人类、国家和社会的进步具有重要意义，如重大的知识创新、技术创新和产品创新等。

“有个人价值”则强调了对个体发展的意义。

2. 创新的特征

从创新的定义和含义可以看出，创新是对重复、简单的劳动方式的否定，是对原有事物进行根本性变革或综合性改造，它具有以下几方面的特点。

（1）目标性

创新的目标就是通过创新活动，在一定时期内想要达到的结果。不同的创新活动具有不同的目标，企业创新活动的目标是提高核心竞争力，从而赢得市场。

（2）变革性

创新是对原有事物的改革和革新，是一种深刻的变革。只要变革的方向正确，目标明确，就可以打破已有限制，获得更大的生存空间。

（3）新颖性

创新的新颖性是指创造者对现有的事物进行扬弃，革除过时的内容，创造出前所未有的东西。

（4）前瞻性

由于创新是相对于他人的首创行为，因此创新往往超前于社会认识，能把握到未来事物的发展方向。

（5）价值性

价值性并不意味着简单地增强产品技术竞争力，而是给客户带来更大价值而赢得客户，促进企业的发展，由此开辟一个全新的、非竞争性的市场空间。

（二）创新的类型与方法

1. 创新的类型

（1）产品创新

产品创新是指研发并制造出更优秀的产品，用于满足客户需要，新产品往往具有较好的性能和美观的外形，使用起来更加方便、安全，总费用较少，比较符合环境保护要求。产品创新是一种创造性活动，它不仅要考虑技术问题，而且还必须考虑市场问题、经营战略等因素。让产品适应社会需求，参与竞争并直接反映企业的价值是企业创新的主要任务。产品创新可以从三个层次来进行：研制具有新功能的产品，比如 3D 打印产品；在产品结构上进行完善；通过改变或重新设计使其更具吸引力和创新性，做到外观上的提升。

（2）技术创新

技术创新就是运用新的生产方法或者新的原材料来进行产品的生产，从而实现保证质量、降低成本、保护环境以及提升生产安全水平的目的。创新包括技术发明和工艺改进两方面内容。通常情况下技术创新可以从以下四个层次来进行。

创新工艺路线：这主要指的是转变生产方式和思路。如采用精密铸造或精密锻造粉末冶金取代金属切削来制造复杂机械零件，这能够极大地缩短生产周期和降低成本。

材料替代与重组：如往年美国的农产品过剩，农场主债台高筑，农业财政的负担较重。美国一些农业州的农民开始和大学合作，并站在环保的高度，利用农产品作为原料，制造工业产品，例如，以玉米为原料制作一次性水杯、餐具及包装盒；以玉米为原料提取乙醇用于燃烧；以大豆为原料生产润滑油代替石油产品；等等。通过这种方式制作出来的产品深受市场的青睐，因此政府也给予了一定的政策支持。

工艺装备上的改革：如以电脑绣花机取代手工绣花；以数控机床取代手动操作机床；等等。

操作方法上的改革：以更加省力、有效的操作方法取代以往某些与现代技术进步不相适应的传统操作方法。

（3）制度创新

制度创新是指从社会经济角度对企业系统内部成员之间形式上的关系进行调整。企业制度则是由一系列相互联系、相互作用的关系构成的有机整体。企业制度主要由三部分组成：一是产权制度，二是经营制度，三是管理制度。

（4）其他方面的创新

其他领域的创新主要有商业模式、环境创新、市场创新等。

2.创新的方法

（1）头脑风暴法

所谓头脑风暴（Brainstorming），是以小组的形式进行不受限制、自由的联想与探讨，用小组方式生成新观念或者启发创新设想。在教学中应用头脑风暴法可以提高学生学习数学的兴趣、增强学生自主探索知识的能力以及培养他们独立思考的习惯和创新能力。头脑风暴引发创新思维主要表现在以下几个方面。

联想反应：联想是新观念生成的一个根本过程。集体探讨问题时，每次都会有全新的概念出现，这些都可以引起别人的联想，接连衍生出一系列新观念，形成连锁反应，这在一定程度上为创造性解决问题提供了较大的可能。

热情感染：在不受限制的环境下开展集体讨论，可以调动人们的积极性。在这样的环境下每个人都畅所欲言，互相影响，互相感染，从而能够形成一股热潮，打破固有观念，使创造性思维能力最大化。

竞争意识：竞争意识存在时，大家都抢着说，追求独特的见解、新颖的理念。从心理学的角度来讲，人类具有好胜心，竞争意识存在时，一个人心理活动效率可以提高 50％以上。

个人欲望：集体讨论问题解决时，个人的欲望是自由的，它不会受到任何因素的影响，同时也不受任何因素控制，这一点很重要。头脑风暴法有一条铁打的原则，就是不得批评他人的发言，即便那个人的发言是仓促的，在头脑风暴中连一丝疑惑的眼神、举动、神情都是不允许。因此，在这样的环境下，大家可以踊跃发言，提出一大批新观念。

为了让参与者畅所欲言、相互启迪、相互鼓舞、取得更高效率，头脑风暴法应严格遵循以下几个原则。

延迟判断、严禁批判。对于他人所提一切主张均不可以批评和阻挠。唯有如此，参与者才能处于一种完全轻松的状态，从而在受到他人启发与鼓舞时，可以把所有的精力都凝聚起来，开拓思路。

主张自由发言，畅所欲言，随意思考，随意想象，尽可能地发挥，想法越新颖、越奇特越好，因为其可以激发人的新思想。

综合改善。鼓励巧用并改进别人的想法，这一点十分重要。每一个参与者都必须从别人的设想中得到启发，或者是对别人想法进行补充，抑或是把几个人的想法整合在一起，提出一个新想法，等等。

头脑风暴法一般是以专家小组会议方式开展的，它的流程分两部分：一是会前准备阶段，二是会议实施阶段。会议之前的筹备阶段，会议主持人应该根据确定好的会议主题，建立引导问题目录，并确定此次会议的参会者人员名单。会议实施阶段，在会议刚刚开始时，若部分参加者无头脑风暴经验，那么会议主持人可带领大家进行一些适应性训练，从而使参会者的思路打开，为接下来的头脑风暴做好铺垫。然后，与会者将提出他们的想法，并对构想进行详细的说明。若参加者未提出有关想法，会议主持人则需要进行相关引导，鼓励人们积极思考，使个体创造力最大化。与会者的构想全部公布之后，会议主持人应对所得思路进行分类整理，同时做好有关记录。假如时间有余裕，也可以再进行一次头脑风暴，以期得到尽可能丰富的思路。

（2）综摄法

1944 年威廉·戈登（William Gordon），提出了综摄法（Synectics Method），指以外在事物或外在发明成果为中介，并且把它划分为几个元素，进而探讨和研究其内容，综合运用所启发的灵感来发明出新东西或者解决问题。

综摄法的基本准则有二：

第一，异质同化。新发明多为目前还不存在的东西，所以大家对此比较陌生。然而人们对现在已经存在的东西都比较熟悉，所以在创造和发明陌生新事物的过程中，可以运用现有的知识来分析和研究，激发新想法，这就是所谓的异质同化。

第二，同质异化。对于各项已有发明，用新知识或者用新视角去观察、剖析与加工，启发新的创造性设想，这就是所谓的同质异化。

在具体实施上述两项原则时，常采用以下几种类比的方法：

拟人类比。在创造活动的开展中，人们往往会把创作的客体“拟人化”。就机械设计而言，运用该“拟人化”设计，可由身体某个部位的动作而获得灵感，而且往往能取得出人意料的成效。

直接类比。所谓直接类比，就是从自然界或现有结果中寻找和创造对象相似的事物，例如，利用仿生学进行飞机和潜艇的设计。

象征类比。所谓象征，就是以具体事物表达某一抽象概念或者思想和情感。就创造性活动而言，人有时能使创造对象具有某种象征性，赋予它们独特的风格。

类似于“头脑风暴的方法”使用过程，综摄法也是运用开会的形式，具体来说就是向与会者提出一些要求，选择知识背景不同的人，成立创新小组，而非在相同领域内挑选专家。

（3）形态分析法

1942 年瑞士的天文学家——弗里茨·兹威基（Fritz Zwicky）提出了形态分析法（Morphology analysis，MA），从具体上来讲该方法是一种系统化构思和程式化解题的方法，具有创新性。形态分析法是通过把物体分解成几个彼此独立的基本因素来进行研究，找到实现各元素功能需求的各种可能的技术途径，再进行排列组合，从中寻求创新性设想来进行创新。它将研究的对象或者问题划分为若干基本组成部分，再将各基本组成部分分别加以处理，分别给出多种解题思路或解决方案，最终形成解决问题的整体总方案。这时会有若干个总方案，因为不同的组合关系会得到不同的总方案。每一个总方案是否可行，必须采用形态学方法进行分析。

因素与形态，是形态分析的一对基本概念。所谓因素就是组成一定事物的特性因子。与之相对应的实现各种职能的技术手段就叫作形态。形态分析是一个从抽象到具体再回到抽象的不断循环的复杂认识过程，就是将创造对象的要素分解以及形态集合的过程。在这个进程中，发散思维与收敛思维都起着举足轻重的作用。在创作中运用形态分析法，首先要把创造课题分解成几个彼此独立的根本因素，然后寻找达到每一个因素所需要的一切可能技术手段，再进行系统聚合，得到多种解决问题的方案，经筛选可获得最佳方案。

形态分析法的步骤如下：

确定研究课题。明确用此技法所要解决的问题（发明、设计）。

因素提取。将要解决的问题按功能分解成基本组成部分，列出有关独立因素。

形态分析。按照发明对象对各独立因素要求的功能，详细列出各因素全部可能的形态。

编制形态表。将上述的分析结果编入形态表内。要素用 i 表示，要素的形态用 j 表示，每个要素的具体形态只用符号表示。

形态组合。按照对发明对象总体功能的要求，分别将各因素的不同形态进行组合而获得尽可能多的合理设想。

优选。从组合方案中选优，并具体化。

（三）创新能力培养

1. 自我创新能力的培养

（1）学

学习创新的基本知识，提高自我能力，增强责任感，强化创新动机。天才、伟人、科学家、发明家、革新家之所以获得成就，就是因为他们都有独特的思维方式，与常人的差别仅仅在于一个是创新的思维，一个是复制性和常规性的思维。创新的思维是完全可以学习到的。开展思维的训练，学会在工作、学习和生活中运用创新的思维方式，把创新的思维方式转化为自己的思维方式。

学习并掌握常用的个体创新技法和群体创新技法。采用什么样的思维方式和方法就决定了创新者有什么样的结果。从某种意义讲，社会的发展取决于方法的进步，而个体与群体的创新技法是创新思维转化的工具。在什么情况下，面对什么样的问题，选用什么样的创新法会决定进行创新活动的速度和获取创新成果的频率。

（2）练

学了就练，学练结合。要成为一个具有创新能力的人，日常的训练是十分必要的。头脑通过不断地运作，才会更加灵活并富有弹性。练什么？练习想象力，练习思维的扩散能力、联想能力和变通能力，练习创新的构想，要做到“量”中求“质”，先是“量”后是“质”。因为具有创新性的构想往往是从众多的构想中产生的。

（3）干

干就是实践，就是用创新的思维、创新的技法，通过创新活动，创造性地解决各类问题。用创新思维去观察事物就会发现大量的问题有待解决。

（4）恒

恒就是经常化、制度化。把开展创新活动、迅速提升人的创新能力作为一项长期的战略任务来抓。无论对于企业界还是教育界，生存和发展都是硬道理。如何发展？唯有创新，所以不创新就死亡，也是硬道理。

2. 预测决策能力的培养

（1）开拓创新，慎重果断

只有具有开拓创新的意识，有改革现状的迫切性，才能敏锐地发现和提出问题，面对复杂情况，拟定各种方案，深思熟虑，谨慎选择。但在创新关头，要“当机立断”。在实施中，要坚定不移，不要轻易放弃原先的创新理念。

（2）谦虚博学、实事求是

知识渊博并巧于运用，使自己在创新时足智多谋。

（3）深入实际、集思广益

善于深入实际，吸取群众智慧，支持群众的首创精神，广泛征求各种意见，包括听取反面意见，集思广益，发挥创新决策组织的作用。一旦发现失误应敢于否定原先的决策，具有一定应变能力。

（4）按科学程序进行创新

这是科学决策的重要保证，一般要经过调查研究、确定决策目标、制定方案、方案选优、方案实施、信息反馈、修整调整等阶段，防止个人独断专行。

（5）注意采用先进的科学决策方法

科学决策常常采用定量分析与定性分析相结合的方法。常用的科学决策方法包括调查研究、咨询技术、预测技术、环境分析、系统分析、决策分析、可行性分析、可靠性分析、灵敏度分析、风险分析、心理分析、效用理论等。决策者在选择最优方案时，情况非常复杂，最后选定的方案不一定每一个指标都是最优的，所以这就要求决策者运用自己的知识、经验和智慧，作出正确的决策。

（6）追踪决策

若决策实施的结果表明原来的决策将无法实现预定目标而需要对目标或决策方案进行重大修正时可采用追踪决策。追踪决策实质上是对原来的问题重新进行一次决策。追踪决策要改变原有决策，易使人们产生感情冲动，从而失去公正、客观的评价。

（四）创新思维开发

1. 逆向思维训练

逆向思维也叫反向思维、反转思维，其特点是改变惯常思维方向，从相反方面来认识事物、思考问题。由于这种思维突破了人们考虑问题的思维定式，因而往往能够获得惯常思维所不能获得的成效。

春秋战国时，田忌与齐威王赛马，按照惯例思维应是良马对良马，次马对次马。而田忌却运用逆向思维方法，以次马与齐威王的良马比赛，以良马对中马，以中马对次马。结果，田忌取得两胜一负的战绩。

2. 横向思维训练

横向思维也叫“侧向思维”，是指向思考的事物及问题的侧面延伸思维触角，以求获得新的思维成果，是发散思维中最常使用的一种方法。

3. 换位思维训练

人们在考虑问题、处理事情时，常常受所处地位、所持立场的影响，想不出解决问题的办法。但如果变换一下立场，转变一下地位，就可能会产生新思路，想出有效的方法。

换位思维就是指“设身处地”地思考问题。有些矛盾和问题，只要当事人能够站在对方的角度进行思考，便不难解决。这种换位思考方法现在已被广泛使用，如医院急患者所急，为患者提供方便；商店从顾客的需要出发，变换商品种类；厂家按照用户的要求进行产品改造。这种换位思维有益于开阔思路，发现一些原先体悟不到、认识不清、理解不好的问题，从而产生新的思维成果。

4. 求同思维训练

求同是指在两个以上的事物中找到它们的共同之处。这种思维有助于在不同事物之间找到结合点，使新结合的事物在性质、形态、功能等方面有所变化，以获得创新效益。

例如，最初，茶杯和暖水瓶各有其功用，是两种不同的用具。现在普遍使用的不锈钢保温杯，便是两者结合的产物，既有暖水瓶的保温功用，又是携带方便的喝水杯子。又如，用求同思维找到暖瓶与饭盒的结合点，把暖水瓶改成广口状，成为携带饭菜的保温提桶。再如，把磁疗垫放在鞋里，做出磁疗皮鞋；把录音机和电话机相结合，制造出录音电话；把滚动带和计时器组合起来，做成跑步健身器。这些给人们工作、生活带来方便的用品，在研制过程中，求同思维的作用不能忽视。尤其在仿生学研究中，求同思维具有不可代替的地位。如仿照蛋壳、乌龟壳发明的建筑薄壳结构；通过模拟生物酶的催化作用创造的高级催化剂。

5. 求异思维训练

求异指在相同或相似的两个以上的事物中找出不同之处，这是使人们在科研、产品研制、经营管理、广告宣传、文学创作等工作中获得新成效的一种思维方法。有些企业，为了使产品能够在竞争激烈的市场上占有一席之地，便采用“你无我有，你有我廉，你廉我精，你精我专”等生产经营策略，制定和实施这些策略，自然离不开同中求异的创新思维。

二、创业能力概述

（一）创业的概念与特征

1. 创业的概念

《现代汉语词典》对“创业”的解释是：创办事业。[①]而“事业”是指人所从事的，具有一定目标、规模和系统并对社会发展有影响的经济活动。《辞海》对“创业”的解释是：创立基业。[②]“基业”即指事业的基础。可见，创办事业是创业的本质。

创业有狭义和广义之分。从狭义上讲，创业概念源于 entrepreneur（企业家、创业者）一词，因而对其理解通常带有经济学的成分。可见，狭义的创业特指个人或团队自主创办企业。所以可将其定义为：创业个人或创业团队通过寻找和把握各种商业机会，投入已有的知识、技能和社会资本，调动并配置相关资源，创建新企业，为消费者提供产品或服务，具有创新或创造性，以增加财富为目的的活动过程。

2. 创业的特征

（1）自觉性

创业是创业者自觉进行的选择，是其能动性的反映。

（2）创新性

创新是创业的主旋律，创业过程是一个不断创新的过程，创新人才首先要有创新动机、创新意识和创新精神。只有不断创新，企业才会有生命力。

（3）风险性

创业是有风险的。一般来说，创业可能有五个方面的风险：一是政策风险；二是决策风险；三是市场风险；四是扩张风险，如果扩张很盲目，不能与企业能力、市场需求合拍，则是极其危险的；五是人事风险，不仅表现在使企业组织不能正常运行上，还表现在当员工不能为创业企业所用时，到竞争对手那里挖创业企业的“墙脚”等。

① 中国社会科学院语言研究所词典编辑室．现代汉语词典[M]．北京：商务印书馆，2017．

② 辞海编辑委员会．辞海[M]．上海：上海辞书出版社，2019．

（4）利益性

创业以增加财富为目的，没有利益驱动，就不会有人能够承受创业所面临的风险。创业过程中获利的多少，往往也是人们衡量创业者成功与否的重要标志。

（5）曲折性

创业者往往要受到重重挫折，经过多年艰苦奋斗，倾注大量心血，才能获得成功。创业者必须做好吃苦的思想准备，只有在困难前面不屈不挠，才能成为笑到最后的成功者。

（二）创业的类型与要素

1. 创业的类型

（1）生存型创业和机会型创业

这一分类最早是全球创业观察项目（Global Entrepreneurship Monitor，GEM）基于创业者创业动机而提出的。在这个分类中的生存型创业主要指的是创业行为是出于无其他较好方案，也就是必须要参加创业活动，才能解决他们所遇到的难题。它是指一个人为了生存和发展而进行的一种主动地、积极地改变自己以获得新资源或获取更大收益的创业行为。许多下岗职工的创业行为就属此类。机会型创业的定义是指创业行为产生的动因是个体对已有机会的把握和价值实现的强烈欲望，通过创业会获得更多、更好的机会。比尔·盖茨建立的微软公司，明显是机会型创业的产物。

（2）个体创业与公司创业

这种类型的划分方式主要是按创业活动发生地及创业者个体差异划分。个体创业，主要是指同原组织实体无关的个人或者团队进行的创业活动，而公司创业则主要是指由现有机构发起，由机构进行创建、更新和创新的活动。换句话说，个体创业是以个人为单位进行的，而公司创业则是企业集团内的创业行为。虽然从创业的实质来看，公司创业与个体创业之间存在着很多的共同之处，但二者在开始时资源禀赋不同、组织形态各异、战略目标不一，从风险承担、成果收获、创业环境等方面进行分析，二者也存在着较大区别。

2. 创业的要素

从创业这一概念中我们可以看出，其因素主要有以下几方面：创业者，商业机会，技术，资源，人力资本，组织和产品服务。

（1）创业者

创业者是指一个人或者一个团队，他们处在创业的核心位置上，我们可以将其称之为创业的主体。创业者对创业起到了至关重要的促进与引领作用，包括确定商业机会、打造企业组织、筹措资金、研发新产品、获得并高效地分配资源、开辟新市场等。创业者的综合素质和能力对创业绩效起着决定性影响作用，因而创业者的素质和能力是创业成功的第一要素。

（2）商业机会

商业机会在创业过程中占据重要的地位，我们毫不夸张地说它是创业活动开展的核心要素，创业者创业的起点是寻找并确定商业机会。商业机会是创业机会，商业机会的出现预示着客户可以获得比现在更优质的商品与服务。

（3）技术

技术是一定产品或服务的重要基础。产品和服务中的技术含量及比重是企业适应社会、市场需要的主要保证，还是企业核心竞争力所在。

（4）资源

所谓资源，是指组织内部的一切投入，如人力资源、物力资源、财力资源等。这些资源在不同层次上对组织发展有重要影响。具体来讲，资源又可以细分为有形资产、无形资产、个人资源、社会网络资源。其中有形资产有厂房、机器设备；无形资产有专利、品牌等；个人资源有个人技能、经营才能等；社会网络资源有信息、情感支持和金融资本等。

（5）人力资本

人力资本对创业具有重要作用，它是其关键的资源投入。创业成功与否，关键是创业者能否识别人才，用好人才，留住人才，组建创业核心队伍，建立有效组织结构，形成良好企业文化，等等。

（6）组织

所谓组织，就是协调创业活动的一种体系，从某种意义上来讲它是创业的载体，同时也是资源整合平台。创业型组织具有创业者领导有力、组织结构与体系不健全等突出特点。创业型组织在广义上是指以创业者为中心所构成的关系网络，不只包括新成立的机构内部的人，也包括该机构以外的人员或者机构，例如客户、供应商与投资人等。

（7）产品服务

产品服务作为创业者给社会带来的一种价值，不仅对于创业者取得成功至关重要，而且也在一定程度上决定了创业者对于社会发展的促进作用。

（三）创业的过程与阶段

1．机会识别

创业，首先要寻找商机。创业过程中，创业者需要不断地发现机会并将它们转化为现实生产力。商业机会意味着更具吸引力、更长久、更及时的商务活动空间，并且最终表现为能给客户带来价值或者增值的商品与服务。一般情况下，创业者的创业动机，主要是由以下几个方面的原因生成的：寻找到新的市场需求，或寻找到市场需求超过市场供给能力的产品，或以为新产品可以打开市场新需求，等等。但并不是只有创业者本人会发现这种市场机会，还有一些竞争者可能也一样准备参与进来。所以，并非每一个市场机会都必须付诸实践，而是应该首先对这一机遇可能产生的收益与风险进行评估，对这一市场机会产生的服务或产品生命周期进行评价，看其是否能支撑企业的长远盈利。因此，创业机会识别对整个创业活动至关重要，是创业者应掌握的一项重要能力。

2．资源整合

创业资源是对创业活动的多种投资，如技术资源、人力资源、社会资源等。从某种程度上来讲，创业就是创业者对这些资源的整合与运用，使之成为市场所需的商品或劳务，由此提升创业绩效，取得创业成功。因此，在进行创业时必须要重视对创业资源的有效配置，同时创业企业在创业资源方面也需区别对待，对创业中非常关键的各种资源，都应该严格把关，利用好，从而让它的价值最大化。对于创业企业，尽可能地占有资源是有益无害的。当然，也有个问题，那就是怎样在合适的时间得到合适的、必要的资源。创业者要切实组织好交易，用最小的代价、最小的管控，获得需要的资源。创业者是否能顺利挖掘机遇，反过来又促进创业活动的开展，一般要看其所拥有的，并能够整合的各种资源，以及创业企业利用资源的能力。

3．创办新企业

创业者在寻找到配套商业模式之后，就需要思考怎样把商业机会变成真正的公司。只有到了这一个阶段，创业者才算真正踏上创业的道路。通常情况下，创业者在这个阶段将会面临各式各样的问题，因此创业者应该构建能够充分反映自己商机、商业模式以及市场价值的载体，这样才能实现自身的创业价值。那么，创业者应该从哪里入手呢？一般情况下，建立新的企业，必须经过若干基本的环节，把握好每个环节要点、熟悉谈判的每个步骤技巧是每个创业者都必须具备的基本技能。

4. 新企业生存和成长

经过一系列的前期创业准备工作，创业者注册成立公司，并开始正式运营公司，但是这并不代表着创业成功。如果创业者要想获得新生，就必须从战略高度对企业进行有效的规划和控制，使之成为一个持续不断向前迈进的有机整体。对新创企业进行成长管理的重要性不亚于创建新企业。因为新创企业要面临许多未知和挑战，而这些未知与挑战往往是无法预知或无法控制的，所以创业者往往要更谨慎地去把握公司的走向。在新创企业中，管理者必须要考虑到企业发展生命周期的问题。就企业成长生命周期而言，在不同阶段，企业工作重点要不同。处于不同发展时期的企业都会面临各种各样的风险。因此，创业者需针对不同企业成长时期，采用不同管理方式与手段，以此对企业成长进行有效把控，维护企业的健康发展。如初创时期、早期成长期，创业者对创业企业命运有着直接的影响，在这一时期，集权管理方式是灵活和有效率的；在快速成长期与成熟期，分权这种管理方式可以使企业得到稳定发展。同时，创业企业也面临着许多新情况与新挑战，如市场竞争日益激烈等，这些都会对创业企业的成长产生重要影响。但必须指出，新创企业成长管理与普通企业管理有较大区别，所以有必要充分考虑新创企业本身的特点，聚焦新创企业特有的问题。由于新创企业成长较快，新创企业在发展中遇到的种种管理问题需要用一种动态的眼光来审视，按照企业所处的不同发展阶段，在合适的时间，制定合适的方案。

第二节　创新、创业与职业生涯发展

一、大学生创新创业资源的整合

（一）创新创业资源整合的定义

整合创新创业资源是一个极其复杂的过程。它是创新创业企业选择、汲取、配置、激活和有机融合不同来源、不同层次、不同结构和不同内容的资源，让资源更具有柔性、条理性、系统性和价值性，同时对原有资源进行重新构建，将原来没有价值的资源摒弃掉，形成新的核心资源体系的一个过程。

整合创新创业资源包括下面几个方面的内容。

1. 整合内部资源和外部资源

在整合过程中，识别、汲取和选择对企业有价值，并同企业内部的资源相得益彰的外部资源，然后将这些资源成功融入企业自身资源系统当中，实现内外部资源有效衔接，将企业内外部资源成功激活，从而将内外部资源的效率和效能充分发挥出来。

2. 整合个人资源和组织资源

对分散的个人资源进行系统化、组织化的整合，能让其在潜移默化中融入组织资源，逐渐转化成组织资源。在上述过程中，组织资源也能迅速地融入个人资源载体中，将个人资源的潜能充分激发出来，从而让个人资源的价值得到提升。

3. 整合新资源和传统资源

新资源能让传统资源的使用效率和效能得到提高，而传统资源又能让新资源得到合理利用并将其激活，然后推动隐性知识等新资源的涌现。两者在这样的联系中循环往复、螺旋上升。

4. 整合横向资源和纵向资源

横向资源指的是某一类资源同其他资源相关联的程度；纵向资源指的是某一类资源在广度和深度方面的资源。这两种资源的整合对企业建立资源立体框架有非常重大的意义。

（二）创新创业资源整合的过程

在整合创新创业资源时要遵循一定的内在逻辑。一般来说，整合创新创业资源要经历资源认识、资源积累、资源配置、资源反馈和资源拓展五个过程。下面我们就来详细阐释一下。

1. 资源认识

企业资源整合的前期准备阶段就是资源认识。企业进行资源认识的主要目的是把握企业相关资源，看看哪些资源是企业运营的重要资源，哪些资源对企业需求来说是充足的，哪些资源企业比较匮乏等，之后根据资源的认识为企业提供一份资源清单，从而让企业充分认识到资源组合存在的优势与不足。不过资源认识是一个相当困难的过程，因为企业外部环境和资源价值性处于动态发展中。

2. 资源积累

资源积累指的是在掌握内部资源情况的基础上，依照企业发展目标和发展需求对资源进行优化和组合的过程。资源积累的目的是让企业的资源无法被其他企业模仿，然后为企业的发展提供长期的资源储备。之所以这样说，是因为外部的资源随着市场变化无法为企业提供所需的一切资源，而企业的经营和发展需要内外部资源持续不断地补充，让资源优化组合。在激烈的市场竞争当中，企业要想占有一席之地，就需要不断完善自身核心资源。需要注意的是，企业资源积累不是一蹴而就的，而是需要通过外部合作和内部学习长时间地积累形成的。

3. 资源配置

资源整合的核心内容是资源的配置过程和配置方式。资源整合解决的主要问题就是怎样调动资源并提高企业的运营效率，从而为企业创造出更多的利润。企业资源在整合之前多是零碎且低效的，要想将这些资源的价值发挥到最大，产生最佳的效益，那么就一定要使用科学且合理的方法去对各种资源进行有效细化、配置以及激活，将这些有价值的资源有机整合到一起，让其相互匹配、相互补充、相互增强。

4. 资源拓展

资源拓展就是将原来没有建立起联系的资源建立联系，将刚获取的资源同已经拥有的资源进行融合，为企业开发出新的、能为企业所用的资源。上述这一点是企业获取竞争优势的根本。开辟创造的过程能给创新创造企业带来一种前所未有的能力，能让其充分发现和掌握机会。

5. 资源反馈

资源反馈是反馈和改进整个资源整合的过程，适时地反思资源配置的过程。资源反馈能让管理者对组织内部具有的资源情况更加了解，从而获得更多的相应资源，及时调整资源相关政策。资源反馈的过程也是资源积累的过程，能让企业的管理者对企业核心资源加强管理。资源反馈能通过内部总结的形式完成，管理者将意见进行交换，再激励资源配置效率比较高的方面，改进那些不利于企业资源配置的方面，通过资源配置和配置效果的反馈让企业管理者间的互动和沟通得以增强，进而让企业的资源配置能力得以提升。

（三）大学生创新创业资源整合的途径

为了更好地促进大学生创新创业，我们需要整合创新创业的资源，学校可以进行自身技术研发、举办创新创业大赛、创建创新创业孵化园区，形成资源之间的流动和共享、项目之间的连接以及市场之间的对接，为大学生创新创业资源的整合提供更为丰富的途径。

第一，发展学校自身的资源优势，联合校外资源。学校有丰富的创业资源，地方政府和企业也能够为创业提供其他方面的支持。学校可以将共青团作为连接政府和企业的桥梁，对校内外的资源进行整合，努力获取社会上的资源支持，打造校内创业平台，比如创客空间、创业大赛，通过这些项目与社会、政府建立起良好的互动和沟通平台。

第二，发展在校大学生自身的优势，获得创新创业的资源。社会普遍认为大学生进行创新创业会缺乏场地资源、设备资源以及资金支持，但是这种认识是片面的。企业资源的理论认为企业资源指的是可以帮助企业提升工作效率的一切相关资产、能力以及公司的组织和特征。一般情况下资源分为三类，分别是物质资源、人力资源和组织资本资源。作为一个企业，它的核心资源是物质资源、人力资源和资金资源之外的企业资源。如果大学生在创业过程中能够开发出企业发展所需要的核心资源，那么对于创业来说是非常有利的。因此，我们需要发现大学生自身的优点，帮助他们积累企业发展所需要的知识和技术，获取更多的创业资源。

第三，打破自身资源限制，从其他途径获得创业资源。大学生是当今时代创业的主体人群，如何帮助大学生实现资源的获得、资源的整合是创业教育需要解决的问题。大学生创业除了需要有创业政策、创业场地、创业资金的支持，还需要寻找创业层面上的合作关系，比如咨询相关创业专家、寻求创业意见、进行风险投资管理等，只有这样才能保证创业项目的长久发展。从其他的途径获取创业资源有助于联结外部资源，企业的发展过程就是社会资源不断聚集的过程。企业在社会市场中竞争力的高低主要取决于企业资源的配置是否均衡，企业对资源的使用应该是补充性的、增加性的而不是占有性的。通过资源的补充和增加，优化资源的配置，降低企业发展过程中的风险。

第四，培养学生利用创业资源的能力。企业对资源的获取能力是在资源的分配、获取、使用过程中逐渐形成的，其中包括对资源的研发、生产，对产品的营销和管理。在学校的创业教育过程中，应该注重培养学生的创业品德、创业素质，提高学生自主创业的能力，培养他们不断拼搏、刻苦奋斗的能力，形成适应社会企业发展的价值思维和企业管理方面的能力。创业不仅需要知识能力和技术能力，而且还需要合作能力、谈判能力以及对社会人力和资源的开发能力，这些都是创建企业所需要的。

资源是企业不断成长、不断进步的基础，每个企业都有自己发展的优势资源。大学生应该明确，创业并不是从外部获取资源，而是以自身独特的资源为基础，结合外来的资源加以优化配置，进而保障企业的长远发展。当今环境下，学校的创业教育应该帮助学生正确分析创业优势和创业面临的挑战，帮助学生培养资源的获取能力、资源的整合能力和资源的使用能力，培养大学生对资源的整体掌控能力。

二、大学生创新创业能力培养模式

（一）高校创新创业人才培养存在的问题

1. 大学生对创新创业兴趣和认知度均不高

2017 年《中国高校创新创业教育蓝皮书》和《中国高校创新创业教育学情报告》提出：当前各个高校创新创业工作都在持续开展，但还存在着层次不均衡、师生对创新创业缺乏认识、缺少专任老师等方面的问题。[①] 由于学生缺乏对创新创业的认识，许多同学觉得毕业后就不参加创业了，因此他们将创新创业当作是最后的选择。有的学生自身对创新创业不感兴趣，致使其全身心地投入到各项专业技能证书的考试、奖学金评选及评优，因此忽略了自己在创新意识以及创新实践等方面的培养。

2. 高校创新创业专业师资不足

各院校在推动本校创新创业工作过程中，常常由于无法及时聘请到对应专业教师，便让学院辅导员或班主任担任创新创业教育责任教师。而且这一部分教师所学的专业与创新创业没有关系，因此他们缺乏有关知识，从而无法对学生进行有效指导。加之创新创业对理论知识储备与实践能力的互相融合要求很高，而且高校内部承担创新创业任务的教师，大多长期游离于公司企业生产第一线，这些教师的创新创业理论知识也是临时在图书馆资料室查询获得的；除此之外，这些教师还缺少相关实习经历和培训，使教师自身对实践的指导力不从心。

3. 创新创业培养课程设置不完善

在促进校内创新创业发展的进程中，国家规定，各校都必须在校内设置相关创新创业课程，可结合实际将创新创业课程列入学分管理范围，以推动学校创新创业的迅速开展。尽管国内各高校均按要求设置了创新创业相关课程，但因起步晚，与国外创新创业课程设置情况相比，我国大学创新创业课程设置还不完善。目前大部分高校都对大学生进行创新创业教育，但还处于探索阶段，并且没有建立一套完整有效的体系来支持创新创业教育的开展。许多院校只把创新创业列为学生选修课，如慕课和微课，为创新创业专业必修课程，许多大学也只开一两门课，而且课程内容也比较浅，尚未形成创新创业教学成套课程。因此，目前高校的创新创业教育还存在着一些问题。当面对全校各个层次的学生时，现有的创新创业课程远不能适应学生创新创业的需要。

4. 大学生创新创业实践机会缺乏

实践在创新创业教育中具有十分重要的地位，所以，学生创新创业的实操环节至关重要。随着国家对大学生就业问题的高度重视以及互联网技术的飞速发

① 北京中科创大创业教育投资管理有限公司. 中国高校创新创业教育发展蓝皮书（2017）[M]. 北京：冶金工业出版社，2018.

展，高校也开始将创新创业教育作为人才培养的重点工作来抓，并取得了一定成效。但是，当学校推动创新创业教育时，常常会出现偏重于理论，实操部分没有得到足够重视的现象。这也就造成很多高校在进行创新创业教学时出现“重理论知识轻实践”的情况。很多学校由于经费问题、场地问题等，并没有在校内建设创新创业实践基地，他们往往与校外部分公司合作，将企业生产工厂作为学校实践基地。

（二）创新创业人才培养模式探究

1．提高学生对创新创业的兴趣和认知度

鉴于学生对创新创业的兴趣不足，认识不到位，学校可以采取如下措施。首先，学校可以立足于全体学生开展大众创新创业教育，重点培育具有潜力的创新创业人才，将这一部分学生打造成校级及以上创新创业人才，发挥“以点带面”功能，首先是局部的开发，然后是局部对整体的拉动，让创新创业教育以优秀榜样感染身边的同学。其次，高校不要局限于校级及以上有关创新创业比赛项目，各高校还可开展相关创新创业竞赛项目，进一步拓宽学生参赛渠道。增加相关咨询平台等，增进同学间的沟通。最后，高校应在校内积极营造创新创业氛围。学校应当在校园内大力宣传有关创新创业的知识，为学生提供一个更加自由开放的学习环境，同时鼓励大学生自主进行实践活动，从而形成一种有利于创新创业的文化氛围。高校担负着培养和造就新时期新生力量的重任，是后备人才培养的主要阵地。良好氛围能够提升学生对创新创业的理解与兴趣，高校可定期开展一些创新创业小型竞赛、知识讲座等活动，进一步在高校营造创新创业氛围。

2．加强高校创新创业专业师资建设

关于学校的创新创业教育师资，学校可以采取如下措施。第一，提升现有创新创业导师专业素养。学校要经常派遣指导老师到部分合作企业参与有关项目，加强自身实践实操，在这个过程中理解一些目前对于创业有帮助的细节环节，并且把体验带回学校，并以此来指导学生。第二，鉴于指导老师专业性不强，高校可与多家资深企业进行合作，聘请部分企业优秀员工来校，对学生创新创业进行辅导。这部分职工长期工作在企业的一线，他们不但理论丰富，实践能力强，还对目前的创业前景有更加深刻的认识，对引导学生自主创业具有很强的针对性。这样就能使学生在掌握专业知识之后，能够更加有效地去解决问题。还可加强专

业技术人员与学校指导老师的交流与合作，共同推动学校创新创业。第三，要加强创新创业指导教师在思想教育及人生教育方面的学问，将人生教育与创新创业教育融为一体，提升学生综合素质，使学生敢于直面创业过程中可能会遭遇的困难。

3. 优化高校创新创业课程设置

优化创新创业课程的开设。第一，优化高校全时段创新创业课程设置框架，大一可将创新创业作为专业必修课，给同学们提供基本的必备知识，并可在大二开设创新创业选修课程，以期对有志于“双创”的同学进行更加深刻的传授与引导。在大三、大四期间，带领学生参与“双创”实践。第二，对于不同水平的学生来说，学校可进一步细化课程设置，将创新创业课程细分为基础课程、专业课程、拓展课程等，使创新创业更具有针对性。第三，课上指导老师还应把目前社会上某些就业情况等内容及时反馈给学生，将教授理论知识逐步转化为对学生创新意识的培养，让上课内容与企业用人需求相一致。与此同时，教师在上课中要积极借助创新创业实例，以此来增强课堂教学效果。

4. 加大资金投入，增加高校创新创业实践机会

经费是创新创业发展之本，专业师资、课程优化、实践场地、比赛项目等各个方面均需一定经费作依据。鉴于学生创新创业实践机会相对不足，学校可采取如下举措：一是增加资金投入。国家对高校创新创业教育给予了很多扶持政策和经费支持，这有利于提高大学生的创新意识和能力。对于上级拨付的创新创业资金，要专款专用，提高经费使用针对性。此外，鼓励和引导社会力量参与到大学生创新创业当中去，比如政府投入经费，企业投资基金等。另外，学校还要靠自身的努力去争取，除学校内部按年度分拨创新创业专用资金外，还可争取部分优秀校友为此投入资金。二是积极构建高校创新创业实践平台、孵化基地等为学生提供创新创业的实践机会。优化创新创业项目，加强与相关公司的合作，给学生提供一个实践岗位。三是在创新创业实践过程中，还应关注学生专业契合度，积极指导学生运用所学专业知识解决创新创业过程中遇到的各种问题，从而推动专业与创新创业的融合。

三、高职类院校创新创业教育

（一）改革教学要素

目前，国家对于创新创业教育的重视程度逐渐加深，创新创业教育在教学工作中的地位也得到了凸显，所以高职院校要紧跟国家政策趋势和时代发展趋势，在课程开展过程中融入创新创业的知识。

1. 抓住高职教育中的三个基本要素

目前，高职院校在开展创新创业教学过程中的问题突出表现在教学工作与社会经济发展时期之间的脱节，市场和教育之间的联系出现了阻断，同时职业教育与创新创业教育之间的融合不够密切，在教学工作中往往存在背道而驰的情况。因此，高职院校应根据经济发展的情况，以职业教育为基准开展专业调整和课程调整，重视寻找正确的教学办法，以综合改革和综合试验区建设为契机，促进校企合作、校地结合，实现共同育人。

2. 建立健全创业教育课程体系

高职院校的创新创业教育工作要重视结合专业的教育工作，规划职业目标和职业教学标准，完成创新创业教育的现阶段改革，在改革过程中重视产教融合，以实际岗位需求为标准培养学生的岗位竞争力，同时促进课程体系改革，将课程设置中与不同岗位学习需求相脱节的地方作为重点解决的目标，选择的教材也要重视以职业需求为导向来促进改革，重视教材的实用性和有效性，重视对教材创新优化以及结合教材更新教学内容，打造符合职业实际的课程，教材应该由企业负责人和骨干教师共同编写，进而实现产教融合的目标，同时教材中的内容还要包括当下真实的岗位工作环境、案例数据和业务流程等信息，把专业的理论知识融入这些真实的实践操作中，以实践为导向来开展理论知识的解读，促进专业建设。另外，在教材的各个单元设计中还要融入一些创新创业的内容，使创新创业的教学主线贯穿于整本教材中，从而强化学生的创新创业能力，学生创新创业能力的培养让传统职业教育与创新创业教育之间的分歧得到弥合。

3. 及时转变教学方法

高职院校应在教学过程中结合当前的教学环境变化和岗位需求，要重视摒弃传统的灌输式教育教学理念，摒弃传统的纸上谈兵式教法，同时也要摒弃传统的重理论、轻实践的教学方法，在教学改革路径上要重视把理论知识传输转变为学生自主学习，在教学方法上也要重视把理论教学转变为模拟实践教学和实践教学，具体的做法有：首先，重视在课堂上通过引导式教学来讲授知识点，在讲授理论知识时，教师要作为引导的角色出现在课堂上，通过引导的方式让学生对知识点进行思考学习和掌握，让学生成为学习的主人，同时教师还要把理论知识中的重点内容讲解放在理清思路和难点问题上，培养学生发现问题、找到问题并解决问题的能力，这样一来，不但让学生的自主学习能力和独立思考能力得到锻炼，而且还让学生在自主学习过程中得到创新创业能力方面的锻炼，有利于培养学生创新创业的思维。其次，重视更新教学办法，高职院校教师在讲解理论知识时要克服只进行知识点讲解的问题，要以结合创新创业的教学思维及技能的方式来讲解知识点，以结合目前与职业相关的典型案例和项目的方式来开展项目化教学或案例教学，让学生感受到课程教学与实际之间的联系。最后，优化创新教学载体，高职院校为了让校企合作更加密切，通过产教融合的方式开展教学，就要重视在校内构建一批与实际工作场景相符合的教学实践基地，使其成为学生进行实践演练的教学载体，这种校内外的实践基地可以是企业的分公司或一个生产车间，也可以是从一个体系中挑选出来的训练场地。通过这种方式，让学生感受到上课就像是上班，拿到职业教育的毕业证就等于拿到了上岗证书。

4. 产学研结合推动科技成果转化

首先，要通过高职院校现有的教师力量和技术资源并结合地区发展需求和产业发展趋势来促进科技成果转化和产学结合，将科技成果的效益最大化；其次，根据产业需求完成技术转型和升级，以保障技术服务于生产力，以地区产业结构升级和行业发展需求为基准找到行业和技术的特点，并将其运用到新能源发展服务、电子技术等行业中，使科技整合资源的优势得到凸显，同时也让科技成果转化的效益增加，有利于提高院校的服务能力。最后，重视校企合作的内涵建设，基于现代化服务行业个人需求和制造行业的发展需求以及企业面临的根本问题，通过校企合作的方式完成企业产品的升级创新，高职院校要鼓励学院与企业开启深度合作，联合攻克企业现实难关，推动技术研发，促进专业建设符合企业一线人才需求，打造创新型人才培养新战略，保障人才培养质量。

（二）重视师资队伍建设

目前，高职院校中师资队伍的整体素养问题比较严重，教师理论知识和实践技能方面的能力不匹配，多数教师在教育教学工作进行创新创业能力发展方面还不太适应，没有丰富的实践经验，而且具备丰富创新创业理论知识的教师也不多，既有理论知识又有专业技能的教师在高职院校内部少之又少。因此，为了促进高职院校的双师型教师队伍建设，打造创新创业教师团队以优化师资结构，高职院校内部要重视改革创新教程，以专业负责人和辅导员为课程带头人，强化自身的创业技能和专业技能，促进教学改革，优化教学条件，利用案例分析、情景还原、互动教学等方法开展实训。

1. 构建以能力为导向的教师评价机制

高职院校要重视深化人事制度改革，加快人才管理分类，打破传统的人才挑选方案，以一种新的方式从毕业生中挑选人才，基于专业发展需求，面向各行各业，广招有能力的教师。首先，以教学实践为基准选择教师，学校在聘用教师时要把聘用的时间、精力放在关键位置，然后在学历要求和实践经验符合标准的人员中选拔德才兼备的人才，优先选聘获得教师资格证的人才，同时又将具有现实技术能力的人才放到双师型队伍中。其次，将院校师资队伍建设的重点放在社会精英上，尤其是具有省部级技术大奖的获奖人员、名师技能人才、创新创业的优秀人才、首席技师等，以专业发展和教学工作开展为基准选聘一些具备能力的兼职教师，同时组建一批创新创业教学的能人，以弥补高职院校职业教师的能力短板。

2. 提高教职工科研工作积极性

高职院校的队伍建设要本着查缺补漏的原则，多渠道选拔优秀科研人才。首先，对于聘用到学校内部没有现实操作经验的青年教师来讲，学校要将其分批次安排到企业一线岗位上进行挂职培训，培训时间一般为一年或者两年，以弥补这部分教师在实践训练上的不足，同时还要对教师在挂职训练期间的实践考核情况做总结，并将其总结作为教师职务升级的主要依据；其次，可以通过老师傅带徒弟的方式进行培养，目前高职院校的知识队伍中有一批既具有专业知识又具有丰富实践技能的老教师，可以由这部分教师牵头设立工作室，并选派青年教师到这些专家工作室内学习，由名师带队完成实训培训，进而培养出一批符合当前高职院校教育需要的双师型教师队伍；再次，开展项目创办的培训工作，高等院校的教育教学要以岗位需求为基准，突出办学特色，并结合当前创新创业教学目标来开办一批项目，教师在竞争项目时要一边完成实训项目，一边开展教育教学实践。最后，让院校教师与企业各部门的带头人保持联系，以促进课程改革和教学实践之间的密切关联性，从而解决高职院校教学和实际岗位需求脱节的问题，同时也可聘请青年创业人才、名誉校友、专家等作为学生的创业导师来完成经验交流。

3. 改善教学环境

首先，为了提高教师的综合素养，要重视通过激励机制让教师在提高自身教学能力的同时，获得精神和物质上的奖励，让具有突出能力的教师可以获得去知名企业挂职培训的机会，完成双师型教师的自主学习，并让其参与学科特色教材的编撰工作，通过实践体验的方式，提高教师的教育教学水平；其次，建立健全创新创业的激励机制，给予教师多种创业机会和便利条件，支持教师利用自主创新方式完成创业实践，并鼓励教师完全实现结果的转化，促进高职院校教师尽快成为双师型教师。最后，设置鼓励教师发明创造的机制，在政策上可以设置绩效考核、经费支持等，以鼓励教师开展创新创业教育教学研究和科研工作，并鼓励教师带领团队参加创新比赛，从而达到教学一体化的目标。

第三节　我国创新创业教育发展经验总结与建议

一、创新创业教育的理论发展

创新创业教育首次被明确提出来，是在 2010 年发布的《教育部关于大力推进高等学校创新创业教育和大学生自主创业工作的意见》，意见明确将创新创业教育界定为与经济社会相适应的教育，是国家创新战略发展所需的新思路、新模式。此后，全国各大高校陆续开展对“创新创业”这一概念的理解与探索，开展了各具特色的创新创业教育实践活动，推动着我国高等教育事业的改革发展。创新创业教育是一种全新的思路与模式，并非空穴来风，它也存在一个演变历程，历经替代论、整体论、综合论与融合论。目前，国内学者一般认为，双创教育的基本含义是一种全新的教育理念与模式，其核心就是培养创新创业素质，不能与已形成的创造教育、创新教育和创业教育画上等号，但是又和这些有着密切的关系。

在王伦信和其他人看来，1917 年，发表于《教育杂志》第九卷第十号的《儿童创造力养成法》一书，首次提出创造教育思想。[①]1937 年，陶行知在合川县创办育才学校，把创造教育、生活教育和儿童教育有机地结合起来，积极进行创造教育实践，并向全国推广使用。1985 年，要培育有创造科学精神的人才、勇于造就的创新人才，被写进《中共中央关于教育体制改革的决定》之中，成为中国共产党的教育方针。[②] 由中国发明协会、中国矿业大学联合举办的首届全国高等学校创造教育、创造学学术讨论会于 1993 年在徐州举行，由此，创造教育的实践活动得以深化，延伸到高等教育领域。1999 年，江泽民同志强调了创新教育和实践相结合的重要性，注重创新精神和实践能力的训练。[③] 中央教育科学研究所阎立钦所长认为，“创新教育”以“创造教育”为依托，是新时期“创造教育”的进化和升华。[④] 从那时起，“创新教育”就成了学者研究与实践的一个热点问题。

1989 年胡晓风先生等人，在《创业教育简论》一文中首次对创业教育进行了界定，认为创业教育可以贯穿整个人生，把创造教育与职业教育有机地结合在一起的教育活动，有以创业教育取代创造教育之势。[⑤] 美国学者柯林·博尔 1989 年提出，一个人要掌握三个“教育通行证”，其中“enterprise education”，也就是创业教育，它可以推动人们在生活当中不断地创新，进而获得成功。[⑥] 创业教育最早起源于西方国家，但随着世界范围内经济全球化进程的加快，各国纷纷开始重视大学生创业能力的培养问题，我国也不例外。20 世纪 90 年代，我国学者关于创业教育研究的重点是将创业教育视为一个独立教育体系，在普通教育与职业教育活动之间，通过渗透或者组合等形式，将创业教育渗透到其中。2000 年以后，中国的很多高校开始进行创业教育，对高校创业教育实践进行了有益探索，获得

---

① 霍益萍，金忠明，王伦信．中国近代科学教育思想研究 [M]. 北京：科学普及出版社，2007.

② 辽宁省高等教育研究所．学习《中共中央关于教育体制改革的决定》重要材料选编 [M]. 沈阳：辽宁省高等教育研究所，1985.

③ 胡涵锦．江泽民教育思想研究 [M]. 上海：上海交通大学出版社，2011.

④ 吕型伟，阎立钦．面向 21 世纪我的教育观基础教育卷 [M]. 广州：广东教育出版社，2000.

⑤ 胡晓风．创业教育——教育整体改革的新构思 [M]. 成都：四川教育出版社，1989.

⑥ 贺国庆．美国教育思想史 [M]. 杭州：浙江大学出版社，2022.

了一定的经验。2008年，经教育部批准设立了32个双创类人才培养模式创新实验区，深入推进了创业教育探索实践。至此，随着理论研究与实践探索，创新教育与创业教育逐步呈现出统一与整合的发展趋势。

二、创新创业教育发展经验

自2002年教育部将9所学校定为试点院校以来，我国高等院校纷纷启动双创教育，历经20余年的发展、探索和实践，创新创业教育现已成为学生获得个人发展的重要途径，同时也是增加社会就业、壮大国家力量的动力源泉。

（一）明晰创新创业教育目标

创新创业教育最终以“教育”为归宿，“创新创业”只是途径和方法，不能把它简单地理解为对企业家进行纯粹的培养教育。双创教育不是以培养创业者为主的教育，而是通过对大学生进行创业训练和技能培训，提高他们的就业竞争力和综合素质的教育。因此，就其实质而言，双创教育是素质教育之一，它以“育人”为宗旨。在我国高校中，传统的双创教育理念已经无法满足当前社会发展对创新型人才的需求，更不可能适应经济全球化背景下大学生就业市场的要求。所以双创教育必须回归到教育属性上来，必须坚持以人为本的科学发展观，时刻把双创教育渗透在教学中，在整个过程中对学生进行管理与服务，并面向全体学生，使学生创新精神与创业能力持续发展。当前国内高校普遍推行面向所有学生的“广谱式”双创教育模式，“广谱式”模式相对商学院和管理学院的“专业模式”来说，其核心思想就是要把“全体学生”作为教育的目标。因此，双创教育必须要与专业教育充分结合，贯穿于教书育人的整个过程，从而形成深层次教育模式。

（二）构建创新创业教育课程体系

双创教育的成效必须在教学活动中才能展现出来，所以，在双创教育中，课程建设处于核心地位，其建设效果的好坏，决定了培养目标的实现程度和社会价值。当前双创教育融入专业教育，成了创新创业教育的课程主流。在这一过程中，专业教育如何融入双创教育已引起广泛关注。专创融合发展可以利用专业教育优势，满足创业认知、技能和其他方面的要求，使得双创教育能够在专业教育的推动下得到迅速发展，不断充实专业教育的内涵；同时专业教育也可以在一定程度上促进双创教育质量的提高，为培养符合时代要求的高素质人才奠定基础。反过来讲，双创教育在一定程度上也可以推动专业教育改革，有力地扩展了专业教育的空间与方向，而且这已经成为当前我国高等教育改革和发展的切入点。国外高校也已经把专创融合作为一种人才培养模式引入本科教学体系之中。我国许多高校已进行了专创融合理论研究与探索实践。中国人民大学、清华大学将第一课堂和第二课堂进行融合，并在教学、实践与学生比赛等诸多方面开展专创融合，激励学生进行创新思维的实践，鼓励同学们主动参与社会实践活动，在实践中加深对理论知识与技能的理解，激发创新活力。

（三）搭建创新创业教育实践平台

双创教育理论与模式实践特点十分明显，注重理论联系实际，也正是其实践特征，决定了双创教育的开展必须要有一个可供推行的实践平台。在开展双创教育活动的过程中，必须充分聚合校内和校外的资源，形成政府、学校、企业、行业命运共同体，四方应互为主体和角色，突破边界壁垒，搭建一体化的实践平台，从而全面推进双创教育。

三、创新创业教育发展建议

（一）改进创新创业教学方法

相对于传统学历教育而言，创新创业教育具有很强的实践性，旨在实现大学生“创新”与“创业”。随着我国创新创业教育的发展，也逐渐形成了高校创新创业教育评判标准，如创业项目的成败，能不能市场化，能不能产生合理经济效益，等等。所以创新创业教育应该立足现实，运用灵活、高效的教学方法增强大学生实践能力。就创新创业教育而言，必须建立在整个创业环境和企业运营环境基础之上，以创业成功的多种因素为出发点，设计教学，让大学生置身于企业创建、企业运营、企业发展的动态模式下，从而开展系统化创新创业教育。

（二）创新创业教育机制

1. 重视以市场为导向的创新创业教育实践

高校创新创业教育的实践，强调与市场深度结合，做到产教融合，让高校学生的科技成果在创业项目中直接运用，用科学企业运营模式经营，从而取得市场收益。

2. 进行开放式的创新创业教育

企业的经营需要几个职能部门共同协作，创新创业项目要取得成功，就必须具备综合性知识与技术。大学是培养创新型人才的摇篮，其作用不容忽视。在对大学生进行创新创业教育时，应重视指导大学生进行跨学科合作，用开放性思维看待问题。

3. 形成良好的创新创业理念和精神

创新理念能够指导学生发挥创造性思维的优势，用严密的逻辑，剖析创业中存在的问题，做复合型人才。当前高校开展的创新创业教育存在诸多不足。创新创业教育应注重营造良好的校园创新创业氛围，促使学生在兴趣的带动下，关注创业过程，培养学生务实创业精神等。学校应将创业教育纳入课程体系建设之中，通过开展形式多样的活动促进学生形成自主学习意识，提高其动手能力，增强其创新能力。创办创业孵化基地、实验中心，在课程传授的过程中，强调理论课程和实践的结合，使学生真正感受到创业的过程。通过开展丰富多彩的创业活动，提高学生参与热情和积极性，激发他们的学习动力。建立健全创业资料库，指导学生就创业流程，对有关政策、风险评估等方面进行综合认识，从而提高创新创业成功率。

（三）开展丰富的创新创业教育活动

1. 设立专栏

在校内官方网站和校园报刊设立创新创业专栏，显示创新创业信息，及时公布各种创业信息，同时借助这些途径传达有关创业政策，用专栏文章解析资讯与政策，便于大学生进行查询与理解。

2. 定期举办座谈会

邀请有创业经历的校友出席座谈会，并与有创新创业意愿的大学生进行交流，讲授他们在工作和创业等方面的经验。

3. 举办大学生创新创业大赛

我们要以高校为主体，积极开展创新创业大赛，充分激发大学生创业热情，促进学生之间良性竞争与合作。组织创新创业大赛能够提升大学生创新创业能力。

4. 搭建大学生创新创业孵化平台

通常情况下，我国高校创新创业项目主要是由学生自己申请，在项目申报之前、在项目设立之后和项目运营期间，学校要为其提供足够的指导和资助。学院负责学生所报项目的评审工作，同时在项目运营期间要做到严格监督，增强学生责任意识。鼓励大学生申请有创新创业潜质的创新创业项目，并重点支持优秀大学生创新创业项目。

（四）推进创新创业顶层设计

1. 完善人才培养标准

衡量创新创业教育人才培养标准应充分考虑实践能力、创造力与创新能力。

2. 完善专业教育体系

就高校开展大学生创新创业教育工作而言，提高专业教学水平，推进产学研相结合，组织学科带头人、行业领军技术人才改善专业教育，推动专业教育融入创新创业教育，增强学生的创新创业能力。

3. 健全创新创业教育教学评价机制

“双创”教育背景下，教师在其中发挥着举足轻重的引导作用，评价教师时，应着重评价教师教学中学生创业的基本知识和创造力，实践能力和创新能力。因此，应建立一套完整有效的考核制度和体系，使高校更好地完成人才培养目标，并将创新创业型人才真正培养起来。在评价学生方面，切忌把考试成绩、分数作为评价的唯一标准，在对传统知识型教育予以肯定的前提下，继续改革考核方式，提升学生综合素质和实践能力的培养。

参考文献

[1] 彭立春．社会主义核心价值体系融入大学生职业生涯教育研究 [M]. 湘潭：湘潭大学出版社，2017.
[2] 于泳红．价值冲突——转型时期大学生的职业选择 [M]. 北京：中国社会出版社，2010.
[3] 袁敏．大学生职业生涯规划 职业素养与能力篇 [M]. 北京：北京理工大学出版社，2020.
[4] 罗星海．高职创新创业教育五育体系研究与实践 [M]. 武汉：武汉大学出版社，2021.
[5] 单林波．大学生创新创业思维与方法研究 [M]. 北京：中国商务出版社，2020.
[6] 刘彤，王雪梅．大学生创新与创业 [M]. 成都：西南交通大学出版社，2017.
[7] 延凤宇，孙艳丽．大学生创业实训手册 [M]. 北京：国家行政学院出版社，2019.
[8] 杨建，吴巍．当代大学生创业教育研究 [M]. 北京：中国商业出版社，2021.
[9] 陈雄．大学生创新创业实务 [M]. 厦门：厦门大学出版社，2019.
[10] 张晓华．大学生创新创业教育路径探究 [M]. 北京：北京航空航天大学出版社，2021.
[11] 尹木子，翟小亚．社会工作实务课程对大学生职业价值观的影响 [J]. 教育观察，2022，11（31）：108-111.
[12] 陈月．高职院校大学生职业价值观培养途径研究 [J]. 国际公关，2022（18）：140-142.
[13] 王郭麟，严润杰，任凤梅，等．疫情背景下大学生职业价值观的影响因素研究 [J]. 现代商贸工业，2022，43（17）：95-96.
[14] 任国升，付鸿彦．影响大学生职业价值评价的因素分析 [J]. 河北大学成人教育学院学报，2008（2）：117-118.

[15] 翟玉晓．青年大学生职业价值观培育策略研究 [J]. 山东电力高等专科学校学报，2022，25（2）：52–55.
[16] 刘斯琴，张海，高嘉．高职院校创新创业教育与专业教育深度融合探析 [J]. 四川劳动保障，2022（12）：32–33.
[17] 周忠梁．互联网 + 创新创业大赛平台下高职院校项目式创新素质人才培养方法 [J]. 湖北开放职业学院学报，2022，35（22）：26–28.
[18] 张虎龄，傅振星．大学生创新创业认知行为模式研究 [J]. 科技和产业，2022，22（11）：158–162.
[19] 古兰木巴尔·苏巴提．当代大学生创新创业现状及问题研究 [J]. 产业创新研究，2022（20）：196–198.
[20] 于淑会，史巍，尚国琲，等．高校创新创业教育质量评价体系构建与实践 [J]. 河北地质大学学报，2022，45（6）：137–141.
[21] 李飞．"三全育人"理念下高校创新创业教育课程的思政功能研究 [D]. 桂林：桂林电子科技大学，2022.
[22] 王小萌．地方高校创新创业教育优化策略研究 [D]. 沈阳：沈阳师范大学，2022.
[23] 纪颖．应用型本科高校创新创业教育课程体系建设研究 [D]. 沈阳：沈阳师范大学，2022.
[24] 贺佳琪．创新创业教育与专业教育融合及对策研究 [D]. 兰州：西北民族大学，2022.
[25] 李雁冰．新时代大学生职业价值观教育优化研究 [D]. 长春：东北师范大学，2022.
[26] 单瑞平．高等院校师范生职业价值观研究 [D]. 长沙：湖南师范大学，2020.
[27] 张亮．新时代大学生职业价值观引领研究 [D]. 喀什：喀什大学，2020.
[28] 颜文娟．当代大学生职业价值观现状与教育对策研究 [D]. 济南：山东师范大学，2017.
[29] 安静．新形势下我国大学生职业价值观研究 [D]. 石家庄：河北师范大学，2008.
[30] 舒霞玉．我国高校创新创业教育课程建设研究 [D]. 长沙：湖南大学，2021.